不会老的记忆力

What You Must Know About Memory Loss & How You Can Stop It

记忆力衰退须知及预防

Pamela Wartian Smith 著

陈秋萍 译

中国劳动社会保障出版社

图书在版编目(CIP)数据

不会老的记忆力/（美）史密斯（Smith，P. W.）著；陈秋萍译. —北京：中国劳动社会保障出版社，2015

书名原文：What You Must Know About Memory Loss & How You Can Stop It

ISBN 978-7-5167-2007-3

Ⅰ. ①不…　Ⅱ. ①史…②陈…　Ⅲ. ①记忆-研究　Ⅳ. ①B842. 3

中国版本图书馆 CIP 数据核字(2015)第 269382 号

中国劳动社会保障出版社出版发行

（北京市惠新东街 1 号　邮政编码：100029）

*

北京市艺辉印刷有限公司印刷装订　新华书店经销

787 毫米×1092 毫米　16 开本　13 印张　171 千字

2015 年 12 月第 1 版　　2015 年 12 月第 1 次印刷

定价：32. 00 元

读者服务部电话：（010）64929211/64921644/84643933

发行部电话：（010）64961894

出版社网址：http://www.class.com.cn

谨以此书献给帕特里夏·皮尔斯（Patricia Pierce）博士，无论身为母亲、医生，还是教育者，她都做出了无价的贡献。她的善良、耐心和才华将被缅怀。

致　谢

感谢我的出版人鲁迪·舒尔（Rudy Shur），本书的出版离不开他辛勤的工作和无私的奉献。感谢我的编辑米耶·布朗伯格（Miye Bromberg），正如所有最棒的编辑一样，他为本书贡献了大量时间。

前言
Preface

在某种程度上，我们当中的大多数人都经历过某种形式的记忆力衰退。你忘了把手机放在哪里了，你打开冰箱却忘了要拿什么，或者你回想不起来上周去过的那家很棒的餐馆叫什么名字！这种一时的忘记是正常的，而且随着年龄的增长，这种情况对大多数人来说似乎越来越常见。这可能令人非常沮丧，因为认知功能对于我们能成为什么样的人至关重要。

事实是，年龄确实对我们的记忆力有影响。幸运的是，科学已经表明，大多数记忆力衰退和认知损害是可以成功治愈和逆转的，甚至是可以预防的。近三十年来，该领域的医学研究已经取得了很大的进展。科学家们已经研究了推动各种记忆力衰退的因素——从正常的、与年龄相关的记忆力损伤到痴呆。他们还研究了一些头脑仍然敏捷的老年人。结果，我们得到了大量关于记忆力衰退的信息。我们如何让这些信息发挥作用？我们能做些什么来使终生保持头脑敏捷？

《不会老的记忆力》一书参考了大量研究，提出了与记忆力衰退最相关的原因，还提出了这个日益严重问题的实际解决方法。许多研究背后的科学原理非常复杂，但我尽量用直白易懂的语言对每个观点进行总结。在用到科学术语的地方，每个术语都会有清楚的解释。在介绍痴呆和使记忆力衰退的其他相关疾病时，我提供了当前最新的信息。如果你或你的医生希望更深入地了解某个特定的问题，建议阅读本书后面的参考文献部分，那里有我引用来支持各章材料的最重要的研究。我希望能向你展示的解决记忆力衰退的方法是你可以掌握的。

本书在开始时介绍了理解记忆力衰退的原因所需的知识基础。第一章描述了脑的基本组成部分，详细介绍了它们在形成和维护记忆上的功能，还介绍了不同类型的记忆和三类主要的认知损伤。

然后本书分为两个部分。第一部分的目的是让你熟悉记忆力衰退最常见的原因，讨论引起记忆力衰退的具体问题。第一部分中的每一章都讨论一个不同的、可能造成认知功能衰退的因素：心血管疾病、重金属中毒、内分泌失调、炎症和失眠。每章开始之前都有一个问卷调查，帮助你了解本章要讨论的病症是否也在影响着你自己。如果是，你就需要进一步阅读。你将了解到这个病症的症状、原因和风险因素，然后你还将了解到一般人们是怎么诊断和治疗它的。

第一部分还有一章专门介绍痴呆，这是记忆力衰退最严重的形式。目前，大多数的痴呆都被认为是不可预防、不可逆转的，也就是说，它们是不可能被避免或治愈的。尽管如此，也有很多措施可以应对它们的症状，甚至降低患上阿尔茨海默氏症和其他类型痴呆的风险。因为研究还在继续，所以我的目的是为你提供最新的信息，这样你可以知道，在控制这些极具破坏性和日益常见的疾病上你可以做些什么。

第二部分则是记忆力维护和增强的通用指南。与生活方式相关的因素对使记忆保持在巅峰状态至关重要：身体活动、精神活动、睡眠、压力管理和饮食。第二部分前五章的每一章就每一种因素进行了探讨。通过更多睡眠和活动、压力减轻措施以及有益健康的饮食，你能让自己的身体保持活跃，你能遏制认知功能的衰退，你甚至可以感觉自己变得更快、更灵敏！另外，你可能还要尝试在日常饮食中增加补充剂，最后一章概括了经证实的对提高记忆力和专注力最有效的补充剂。虽然没有特效药可以神奇地将你的智力提高到爱因斯坦的水平，但第十三章中所讨论的补充剂则表明了它们对使用人群产生的细微而重要的益处。

让你的头脑终身保持敏捷和专注真的是可能的，但没有你自己的付出是不可能的。当你选择了阅读本书，你就已经在使你的认知力和记忆力达到最佳状态这条路上迈出了非常重要的第一步。要想知道如何最大限度地利用你的头脑以及如何在未来的日子里照顾好它，请继续阅读吧！

目录

Contents

第一章

大脑与记忆力衰退

“一个人的真正财产是他的记忆。
他的富有不在任何别处，他的穷困也不在任何别处。”

——亚历山大·史密斯（Alexander Smith），19世纪苏格兰诗人

我们大多数人对记忆力衰退的概念都有一种本能的熟悉。我们所有人有时候都会忘记一些重要的信息片段。但是，当你发现自己在寻找答案时，你的头脑实际发生了什么？你怎么区分正常的、暂时的记忆损伤和更严重的、永久性的认知功能衰退？

本章对记忆和记忆力衰退进行了基本的介绍。首先介绍脑部，了解它的各个部分以及它们在形成和维持记忆力上的功能。在这些知识的基础上，本章接着详细介绍了不同类型的记忆。最后介绍了记忆力衰退的三大类型。通过学习如何区分这些不同的情况，你将能更好地识别和处理自己或亲人的认知功能衰退现象。

脑

脑是身体最重要的器官。虽然脑部只占体重的2%，但脑部会使用你摄入的25%~50%的热量和氧气。脑调节你的思维、情绪、行为、感觉和记忆，正是头脑让你成为现在这样的你。

因为脑具有这么多不同的功能，所以它是迄今为止你的身体里最复杂的器官。它由超过一千亿个神经元（神经细胞）和一万亿个神经胶质细胞组成。神经胶质细胞有时也称为支持细胞，因为它们的功能是扩大和维持神经元的动作。神经元彼此通过特殊的接触点发送电信号通信，这些接触点称为突触。被称为神经递质的化学物质能帮助突触传导这些信号，让信号可以在脑中以光速移动。当你学习或形成记忆时，神经元会创建新的通道让电信号通过，实际上就是创建了脑细胞之间新的关联！

正是这种连接使我们能够积累和保留大量多样化的信息。每一个神经元都有可能连接到成千上万的其他神经元。据估计，每一秒钟形成将近一百万次的连接！但是，久而久之，这些连接会减弱或消失，从而导致记忆或信息的丧失。当你睡觉时，你的脑也会“剪去”一些连接，“剪去”那些不再需要的、变弱的或被摧毁的连接。这使你的头脑节省能量，并更专注于仍然有用的记忆。通道也可以转移或“改道”，从而改变现有的记忆或信息。你的脑是不断变化的，理解这一点很重要。新的连接甚至新的神经细胞，可以生成直到老年。这种变化的能力（科学家称为“神经可塑性”）是个好消息，因为它表明，你可以做很多事情来保持你的记忆力和专注力。

脑部的结构主要包括三个主要部分：脑干、小脑和大脑。

- 脑干将脑连接到脊髓，由此连接到你身体的其他部分。它控制你的反应和你的许多重要的、自动或无意识的身体功能，其中包括呼吸、消化和血液循环。
- 小脑，绰号“小脑袋”，是在头后部的一种小的、有皱褶的组织突起。它主要用于整合来自眼睛、耳朵和肌肉的感官信息，以便协调运动和保持平衡。
- 大脑是我们大部分人想到头脑时最常想到的那一部分。大脑重约三磅（1 磅≈453.6 克），它是软的、胶状的一团，占据了头颅中的大部分空间。人类的大脑比其他任何哺乳动物的大脑要发达得多，大脑负责我们的许多高级功能，包括情感、思想、个性和记忆。它还控制自发（有意识）的运动。

你的大脑从中间直下分为两半，或者说两个半球——左半球和右半球。一般来说，左半球控制身体的右侧，右半球控制身体的左侧。两个半球都被进一步细分为具体的叶，每一个叶都具有特定的功能。

- 额叶控制你思考、计划、推理和想象的功能，是短期记忆形成和运动动作必不可少的。左额叶有一个地方称为布洛卡氏区，负责将思想转换为语言。顶叶处理特定形式的感官输入（触摸、味觉、温度），并和小脑

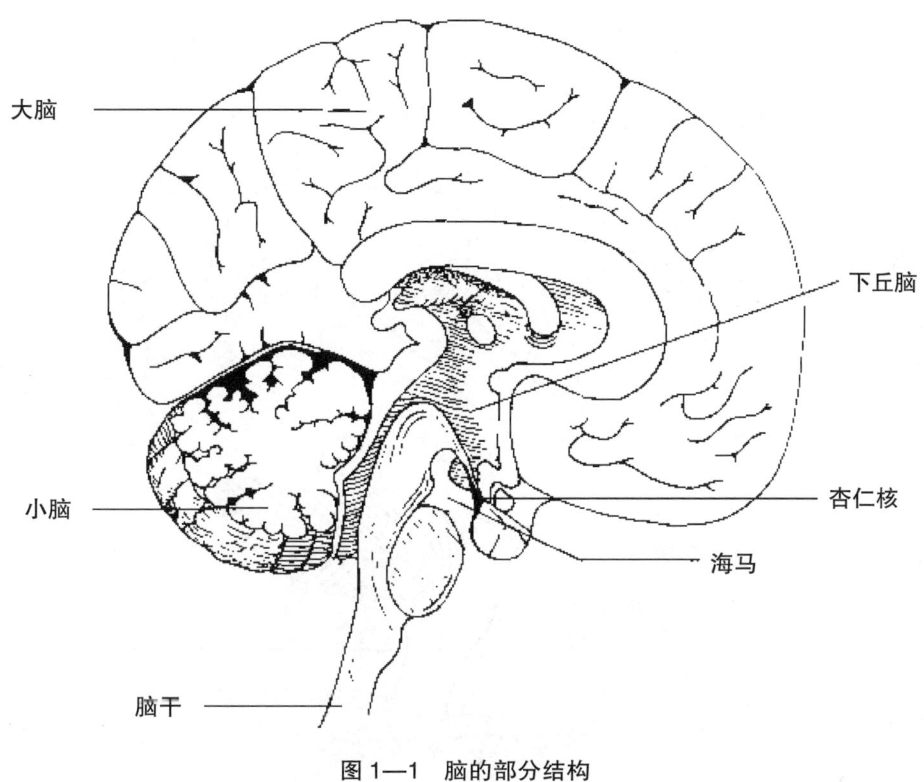

图 1—1　脑的部分结构

注：切成相等的左右两半时看到的人脑

一起帮助协调运动和感知空间关系。它们似乎还在符号或数学信息的理解上扮演重要角色。枕叶主要与处理视觉输入有关，它们将新的视觉刺激连接到你记忆中的其他图像上，还有其他的一些功能。最后，颞叶会识别气味、声音和某些味道。颞叶还和情感记忆的处理有很大的关系。

除了脑的这三个主要部分，还有另一个组成部分，对你的注意力和记忆力有巨大的影响，那就是边缘系统。边缘系统位于你的大脑下面，深藏在脑里面，它是主要负责学习、情感和记忆的脑结构的集合。就像大脑中的叶一样，这些结构也是成对对称分布在脑中的，一边一个。在这些结构中，最重要的是下丘脑、杏仁核和海马。

- 下丘脑是神经系统和内分泌（产生激素）系统之间的中介。它产生激素，

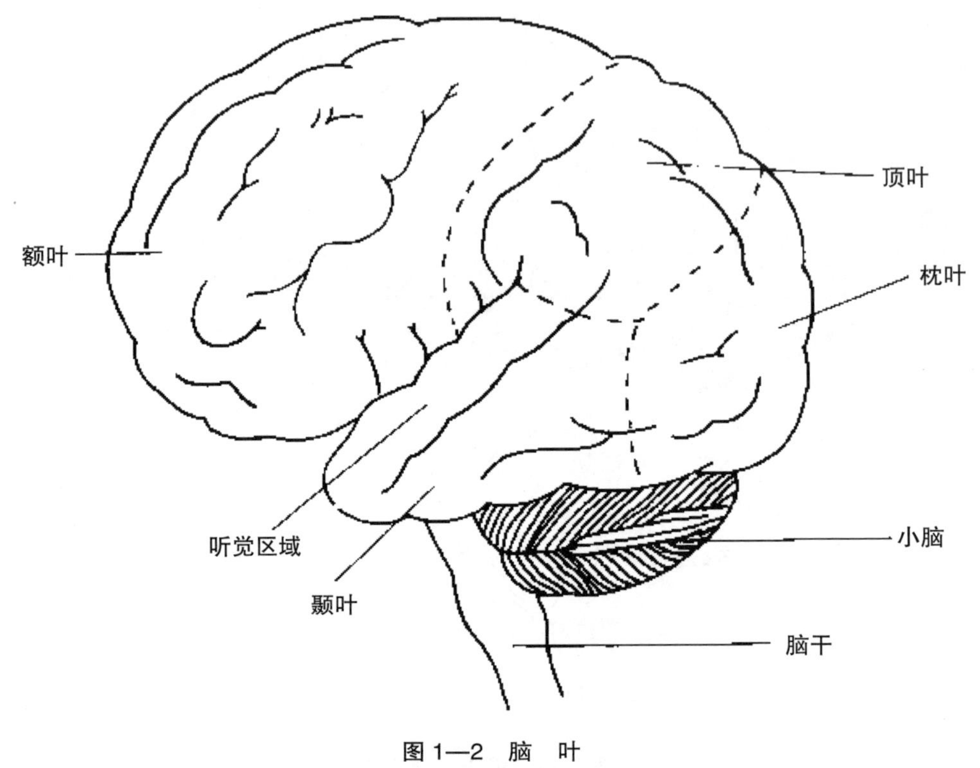

图 1—2　脑　叶

注：右侧大脑的表面图。大脑半球的叶用虚线分开。

调节许多重要功能，包括饥饿和饱足感、睡眠和意识、性欲、体温和心情。杏仁核处理情绪，尤其是恐惧、焦虑和愤怒，它也起着调节或改变对这些情绪进行响应的长期记忆的作用。

- 可能对我们来说最重要的是，边缘系统覆盖着海马（脑的记忆中枢）。海马是一个小的弯月形管，它负责形成新记忆以及将短期（瞬间）记忆转换为长期（永久）记忆。海马特别容易受到损伤。当它受到压力或阿尔茨海默氏症的破坏时，人就开始失去创建或保留记忆的能力。因为海马在记忆中发挥的核心作用，科学家不断尝试准确地找出指导海马发挥作用的确切机制，更好地了解海马可能是治愈记忆力衰退的关键所在。

现在你对脑的主要组成部分以及它们在记忆和认知中的作用已经有了更好的了解，接下来让我们详细地了解不同类型的记忆。

记忆类型

你可能意识到，记忆有很多不同的类型，让你可以利用多种不同的经验和学到的信息。最普遍的记忆分类方法是以记忆的持续时间为标准的。

感觉记忆

感觉记忆是所有回忆中最短的。感觉记忆的持续时间少于一秒钟，是对你当前看到的、听到的、闻到的、尝到的或触摸到的东西的瞬间感知。在你进行日常生活时，感觉的处理是自动的，几乎是没有意识的。你的头脑会将重要的或有意义的感觉记忆传递给你的短期记忆，以进行深入考虑。

短期记忆和工作记忆

短期记忆主要与额叶和顶叶有关，短期记忆保持少量的记忆，保持时间只比感觉记忆稍微长一点，从几秒钟到一分钟。短期记忆是工作记忆的一种形式，之所以称为工作记忆，是因为它保存你刚刚访问的信息，以便时刻操作流畅。

工作记忆是创建非常近的过去发生的事件之间的关联，使你可以计划和执行各种任务。例如，工作记忆让你能够说出完整的句子：通过记住你如何开始一个句子（“我今天看到马克”），你能说完它（“他说你今晚要来参加这个会议”）。或者，它可以让你记住你刚刚得到的方向指导（“要到博物馆，在下一个街区右转，走 3 个街区，然后在第 53 号街左转，再走 2 个街区”）。

工作记忆保存的记忆是暂时的，主要是功能性的。短期记忆的容量相当有限。通常情况下，你可以记住约 7 个不同的信息。例如，记住一个电话号码，保持 10~15 秒钟。通过对自己不断重复这个信息（称为复述过程），可以增加你记住一个信息的秒数，让你有足够的时间将这个数字输入到你的电话中。

通常情况下，在你用记忆执行完任务后，记忆就会衰弱或从你的头脑中消失，因为你不再需要这个信息了。(用神经学的术语来说，这些电信号不再继续在神经元之间流动，它走过的新通道随之逐渐消失）结果，你的短期记忆中多出来了一个位置，允许新的信息来取代它。如果你短期记忆的所有地方都被占据了，这些不同的记忆就会竞争你的注意力，产生一种你同时在处理不同想法的印象，让你难以专注于它们当中的某一个。当你的注意力因此被分散，你将更难在一开始就将所有这些记忆都编码，即接收信息，让它变为短期记忆或长期记忆。这就是为什么如果你在给一个朋友发短信让他和你在电影院见面，然后在努力回想电影院地址的同时将汽车钥匙从包里拿出来，你就很难回想起你把钥匙放哪里了。

有时候，你的短期记忆在使用后不会立即消失。如果一个短期记忆被认为是重要的，那么它就能够稳定下来并转换成长期记忆。

长期记忆

长期记忆能够保存大量的信息，并保持无限长的时间，它可能是你最强大的记忆仓库。科学家们并不知道记忆巩固或从短期记忆转移到长期记忆的确切机制。正如前面所讨论的，许多人相信，这个过程涉及短期记忆中的初始阶段建立的神经通路或网络的加强、巩固或改道。巩固的过程可能需要创建全新的通道，或淘汰老旧和低效的通道。海马在巩固通道的过程中起着至关重要的作用，它就像一个编辑，分拣大多数类型的短期记忆，决定哪些信息会被存储在你的长期记忆中，哪些将被丢弃。

虽然许多长期记忆似乎是“永久”固定在你的头脑中，但实际上最近的研究表明，许多长期记忆会随时间改变，以响应新信息的输入或重新评估。与短期记忆主要涉及额叶和顶叶不同，长期记忆可能涉及并连接脑的任何区域，因此也会被修改或调整。

长期记忆有几种不同的形式。

声明性记忆

声明性记忆是我们通常认为的那种记忆——它们是你有意识或显式回想的记

忆。声明性记忆有两种主要的类型，这两种类型都涉及海马和部分的颞叶。情景记忆是你生活中的情景或事件的精神记录：六年前，你与你的丈夫去罗马度过你们的结婚纪念日，或你上周日在洗车店与彼得·曼宁的谈话。语义记忆往往处理事实和其他以文字为基础的信息。例如，坎帕拉是乌干达的首都，或鸵鸟是一种不会飞的鸟。情景记忆往往能够增强或提示语义记忆。例如，通过记住你阅读本章时坐在你家里的准确位置，你可能更能够回忆起本章描述的记忆类型。

非声明性记忆

非声明性记忆是你没有意识或隐式回想的记忆。它们有时也被称为过程性记忆，因为这些记忆是通过重复的经验形成的，它们使自动的动作或行为成为可能。例如，驾驶汽车或扔一个足球。一旦你学会了如何换灯泡，它就成为一个几乎永久性的非声明性记忆，你永远不会有意识地考虑你怎么进行这个过程。非声明性记忆似乎绕过了海马和颞叶，而涉及小脑和额叶中更多的局部神经网络。这就是为什么海马受伤的人——像许多阿尔茨海默氏症患者——通常是完全有能力执行某些他们以前就会的日常任务，例如，削苹果或刷牙。

在了解了脑的结构和各种类型的记忆之后，现在我们对理解不同形式的记忆力衰退已经有了一个良好的基础。

记忆力衰退的类型

虽然当我们被问到典型的记忆力衰退时，我们大多数人都会想到痴呆，但其实记忆力衰退有三个主要的类别或级别，它们的严重程度和治疗效果各不相同。

与年龄相关的记忆障碍（AMI）

与年龄相关的记忆障碍描述了作为衰老过程的自然结果而发生的轻度健忘。据估计，人类记忆的能力和敏捷度在25岁达到巅峰。到你75岁的时候，你的记忆力已经平均衰退了43%左右。这是因为随着年龄的增长，在你的头脑中自然而然地发生了某些物理变化和化学变化。据估计，作为衰老过程的一个正常的部分，你的头脑将萎缩 15%。在老年人中，仅海马每年就萎缩 1%～2%。此外，你的神经元本身就会开始萎缩和失去功能，神经元之间的连接减弱，用于传输电信号的神经递质的产生减少。

到目前为止，AMI 是记忆力衰退最轻微的形式，也是最常见的，影响 40%的 65 岁或以上的老年人，约 16 万人。它被认为是一种良性的状态，即它的影响是暂时的，不会影响一般的生活能力。情景记忆是受正常衰老影响最显著的记忆形式。这就是为什么老年人很难记住他们前天晚上晚饭吃了什么。

AMI 还会引起暂时的短期记忆失忆，导致许多人说的“脑子短路”或“老糊涂的时刻”：有那么一瞬间，你忘记将手包放在哪里，或当你的老板出现时你忘记要告诉他什么，或者你突然想不起来要说的那个人的名字。你把手指关节折得发出声响，你绞尽脑汁，或者说“这话到嘴边，可就是说不出来”。一般情况下，你很快就能回忆起这些信息。

不是与衰老相关的所有精神变化都是不好的。研究表明，认知的某些区域实际上随着年龄增大而改善，包括语义记忆或回忆一般事实和概念的能力。大部分时候，随着衰老发生的任何认知功能的衰退往往都不会很严重。有些人永远不会看到他们的精神能力有任何明显的衰退，他们到八九十岁的时候，头脑还像刀刃一样锋利。

此外，由于和年龄相关的记忆障碍是暂时的，也相对比较轻微，因此它容易治疗——甚至容易逆转。通常，通过处理加速头脑衰老的因素，包括压力、失眠、不良的心理、缺乏体育锻炼、激素下降和失衡、炎症、接触有毒物质和营养不良，可以有效地减少或甚至消除和年龄相关的记忆障碍。本书的目的是告诉你如何识别和管理这些因素，这样你将永远享有良好的精神专注力和记忆力。

轻度认知障碍（MCI）

直到最近研究人员才确认，轻度认知障碍是正常的与年龄相关的记忆障碍到完全痴呆之间的中间阶段。它与记忆力和认知功能的衰退相关，比 AMI 稍严重一些。但是和 AMI 一样，MCI 不会严重到干扰日常生活，只是忘记事情会更频繁地发生，回忆某些词、事实或事件也需要更长的时间。虽然 AMI 和 MCI 有时很难区分，但是 MCI 患者通常会存在平衡和协调问题，而这些问题在正常的与年龄相关的记忆力衰退中并不会发生。

MCI 的特征还在于脑部和神经元的损坏程度更高。MCI 患者尸检显示其海马和颞叶存在中度萎缩或收缩，还有更大面积的淀粉样蛋白斑和神经元纤维缠结，这两种类型的脑生长可阻碍或抑制头脑活动，并与阿尔茨海默氏症的形成相关。

因为这些类型的脑损伤与各种形式的痴呆的特征是相同的，虽然没有那么严重，所以 MCI 通常被认为是痴呆的早期或过渡阶段。一项研究显示，65 岁或以上的 MCI 患者当中，每年有近 15%的人继续发展成阿尔茨海默氏症。至少，MCI 是构成阿尔茨海默氏症和其他形式痴呆的主要风险因素。也就是说，患 MCI 会显著提高发展成这些更严重的疾病的风险。尽管如此，很多 MCI 患者永远都不会发展成痴呆。一旦他们得到正确的诊断和治疗，有些人会恢复甚至改善认知功能。

不幸的是，没有任何的工具可以预测这种情况下的个体的具体结果。诊断 MCI 也没有正式的标准。通常情况下，你或你的家人会意识到越来越难记住事情、计划，处理多个任务，遵循指令或做决定。你可能会发现自己更频繁地重复自己说过的话，甚至在一个你很熟悉的地方迷路。如果你被怀疑患有 MCI，你的医生可能会让你做一些检查来评价你的记忆力和判断力，从而评估你的精神状态。你的医生还可能执行特定的神经检查，以判断你的头脑和神经系统的状态，评估你的感官处理、反射、平衡和协调能力。

患 MCI 的风险因素同患与年龄相关的记忆障碍的风险因素几乎是一样的，但还包括糖尿病、吸烟和高血压。MCI 患者也更可能出现载脂蛋白-E4（APOE-E4）基因变异的状况，这种变异与 MCI 或阿尔茨海默氏症相关，但有这种变异并不意味着你一定会得 MCI 或阿尔茨海默氏症。

目前，还没有药物用来治疗轻度认知障碍。好消息是和与年龄相关的记忆障碍一样，通过管理那些加剧或导致患 MCI 的风险因素，你可以有效地减少甚至扭转这种形式的记忆力衰退和认知功能衰退。本书将告诉你怎么做。

痴呆

痴呆是严重干扰日常生活的认知衰退的总称。随着轻微认知障碍开始的许多神经的变化越发明显或广泛，大面积的、通常逐渐发展的脑功能丧失现象会出现，形成痴呆。其症状包括显著的记忆力衰退、注意力不集中、判断和推理能力受损、计划和组织困难、情绪不稳、妄想、定向障碍、幻觉、不适当的行为、性格变化以及无法沟通或理解语言。

痴呆很常见，尤其是在超过 65 岁的老年人当中。据最近的一项研究估计，近 680 万美国人患有痴呆，约 180 万人受到它的严重影响。虽然年龄本身并不引发痴呆，但却是患上这种疾病的一个最大的风险因素。也就是说，年纪越大，就越有可能患上某种形式的痴呆。研究发现，所有 85 岁或以上的美国人当中，将近一半的人受痴呆的折磨。但是，痴呆并不是衰老过程的自然部分，理解这一点很重要，许多人活到很老也没有任何认知功能上的问题。

痴呆有很多种不同的形式，每一种都可以用一种特定类型的脑损伤来区分。关于这些疾病的详情，请参见第二章和第七章。

阿尔茨海默氏症

阿尔茨海默氏症（AD）是最常见的痴呆的类型，影响了至少 520 万美国人，占所有痴呆病例的 60%~80%。它的特点是关键的神经递质乙酰胆碱的产生急剧减少以及大脑中未加抑制增长的两种蛋白质堆积——β-淀粉样蛋白的蛋白质斑和神经纤维（tau）缠结。科学家们不确定是这些因素导致阿尔茨海默氏症，还是它们本身是某个更底层问题的结果，但它们的存在与大面积的神经死亡或功能障碍相关，导致了脑萎缩和收缩。

阿尔茨海默氏症是一种发展性疾病，即大脑和海马的损失会随着时间逐渐恶化。蛋白质堆积可能在出现任何症状之前 20 年就开始了。AD 会导致思维能力和记忆力衰退的严重恶化。情景记忆首当其冲，其次是短期记忆、语义记忆和过程记忆。随着病情的发展，几乎所有的头脑功能都受到影响。最终，即使是像吞咽或排便控制这样的身体活动也会受损。虽然阿尔茨海默氏症一直是科学家深入研究的主题，但目前还没有已知的治愈方法。

血管性痴呆（VAD）

血管性痴呆，有时也称为多梗塞性痴呆，是美国第二常见的痴呆类型，占所有痴呆病例的20%~30%。它被定义为因流向脑部的血液受阻而引起的思维能力和记忆力衰退，通常是中风或一系列中风的结果。因为血管性痴呆的症状通常是逐渐发展的，与阿尔茨海默氏症的症状很像，甚至可以共存，所以血管性痴呆有时无法被诊断出来或者会被误诊。血管性痴呆的症状会因头脑供血不足而受损的区域不同而不同，但最初往往表现为头脑混乱和判断力受损；记忆力衰退也常见，但不一定会有。血管性痴呆与其他形式痴呆的区别在于，它是可以部分预防的。通过控制导致心脏疾病的风险因素，可以显著地降低患上这种疾病的可能性。欲了解更多信息，请参见第二章。

路易体痴呆（DLB）

路易体痴呆是第三常见的痴呆类型，占全部病例的10%~25%。它的特征在于大脑中路易体的存在，路易体是特定的蛋白质团块，是在其他的神经退行性疾病中被发现的，最值得注意的是帕金森氏病，在阿尔茨海默氏症中也会出现，但程度较轻。因为这个共同的因素，DLB与这两种疾病有一些相似之处，DLB患者有阿尔茨海默氏症的认知功能衰退症状，也有帕金森氏病的运动问题，例如，肌肉强直和全身震颤。路易体痴呆区别于大多数其他形式痴呆的最突出的症状还包括视幻觉、警觉性和专注力的波动以及睡眠障碍，记忆力衰退可能会也可能不会发生。目前还没有治愈DLB的方法。

额颞叶痴呆（FTD）

额颞叶痴呆是比较少见的、主要影响额叶和颞叶的一组疾病。虽然它只占所有痴呆病例的10%~15%，但它在年轻患者中异常常见，在65岁及以下的所有痴呆患者中占20%~50%。它的发病较早——患者通常在57岁左右被确诊，比阿尔茨海默氏症患者的平均年龄早13岁。和阿尔茨海默氏症相比，FTD患者更有可能会出现言行变化，最初记忆力衰退的症状比较少见。额颞叶痴呆被认为主要源于继承的基因发生突变，尽管它的典型特点是患者脑中存在皮克体的微观蛋白结构。目前还没有治愈额颞叶痴呆的方法。

混合性痴呆

混合性痴呆是同时发生的不同形式的痴呆。它最常指阿尔茨海默氏症和血管性痴呆的共存，但也可以描述路易体痴呆与阿尔茨海默氏症的共存。人们认为，某些形式的痴呆具有（也可能源于）相同的头脑异常的特征。例如，阿尔茨海默氏症和DLB的患者头脑中都发现了路易体。混合性痴呆是最近才被确认的一种疾病，很少有病人在活着的时候被诊断为混合性痴呆，只有尸检可以确认不同形式的痴呆所特有的头脑异常的共存状态。

其他类型的痴呆

除了如上所述的痴呆的主要类型，痴呆还可能由其他各种疾病或病症引起，包括帕金森氏病、亨廷顿病、克雅氏病、艾滋病、韦尼克—科尔萨科夫综合征、酗酒和脑部外伤。在这些情况下，痴呆实际上是更大问题的症状。相应地，治疗这些形式的痴呆通常取决于潜伏的疾病或病症。

痴呆是一种复杂的现象，人类对其成因与风险因素仍没有很好的理解，而治疗的选择是有限的。痴呆之所以这样隐匿是因为它几乎总是不可预防和不可逆的：它可以被控制，甚至通过药物减缓，但不能治愈。也有一些例外的情况，当痴呆是由外部的、可去除的因素造成的时候，例如，感染、营养匮乏、脱水、代谢和内分泌功能障碍、免疫疾病、药物反应、接触重金属、缺氧、甲状腺疾病或脑肿瘤。

尽管新的理论和治疗方法还在发展中，你仍然可以做很多事情来抵消或减少与痴呆发作或恶化相关的可控风险因素。这本书的重点就是这些因素，告诉你如何改善你的饮食、睡眠、压力水平、身体活动和精神活动，防止严重的记忆力衰退。关于痴呆以及你可以做些什么，请参见第七章。

小结

记忆力衰退对很多人来说是一个可怕的预期，但它不应该是。知识就是力量。在读完本章时，你就已经在提高你的精神敏锐度和专注力上迈出了关键的第一步。现在你已经了解了大脑的工作原理以及记忆力衰退有哪些不同的类型，你有了更好的知识装备来识别并治疗你或亲人可能会遇到的任何认知功能的衰退症状。此外，当你继续细读本书的其他部分，尤其是介绍记忆力衰退的具体原因的部分时，你会发现这方面的知识基础很有用。

第一部分

问　　题

第二章

心血管疾病

你的记忆力衰退是心血管疾病造成的吗？

调查问卷

本调查问卷旨在帮助你确定心血管疾病是否正在影响你的记忆力和认知功能。请仔细阅读每一个问题，并在最能代表你答案的框中打钩。

	是	否	不确定
1. 你吃的食物含钠（盐）高吗？	□	□	□
2. 你吃的食物含饱和脂肪酸高吗？	□	□	□
3. 你超重了 20 磅或更多吗？	□	□	□
4. 你在生活中经常久坐吗？	□	□	□
5. 你抽烟吗？	□	□	□
6. 你每天喝不止一杯酒？	□	□	□
7. 你会出现定期胸痛的情况吗？	□	□	□
8. 你是否经常感到气短？	□	□	□
9. 你的胳膊、双手和双脚会经常麻木、无力或冰冷吗？	□	□	□
10. 你是否经常感到头晕或有过晕厥？	□	□	□

如果你对这些问题的回答多数为“是”，那么你患心脏疾病和血液循环不畅的风险较高，它们会导致记忆力的衰退！

很少有人意识到，记忆力衰退和心脏疾病有关系——但它们的确是相关的。痴呆甚至健忘可能是心血管疾病直接引起的。为什么会这样呢？这种关系相当简单。某些心脏疾病使正常的脑部血液供应减少。在动脉粥样硬化中，你的血管会被斑块堵塞。高血压会损坏你的血管或导致血管泄漏，而低血压则会导致大脑的血液供应不足。当大脑的血液供应因此被切断或受限时，你的大脑将不再得到氧气和营养物质，而它们是大脑开展所有必要认知过程所必需的。

久而久之，氧气和营养物质的不足可以引起健忘和轻微的意识混乱。如果你的脑细胞因心脏病发作或中风而被剥夺氧气持续超过几秒钟，它们就会死去，导致你大脑皮层永久性的损坏。这种损坏的结果之一就是大脑功能的逐渐损伤或丧失，这种病症被称为血管性痴呆。

你可能永远都不会患上血管性痴呆，甚至心脏病或中风之类的先兆病症，但是，明白记忆力衰退可能是潜在的心血管疾病的症状，你便可以在病情恶化之前采取补救措施。本章开始部分的调查问卷旨在帮助你确定心脏疾病是否是导致你或你的亲人记忆力衰退的元凶。如果你对许多问题的回答都是“是”，那么你很可能有患心血管疾病的风险。请继续阅读本书，学习如何鉴别你的心脏健康状况，确认患心血管疾病的风险因素和原因，并采取措施处理和弥补。通过改善你的血液循环，你将有效地减少或防止记忆力衰退和认知功能衰退。

让我们先来看看与血液循环不畅和心血管疾病相关的、最常见的症状，这样你便可以在心脏问题加重之前就能加以确定。

心血管疾病的症状

心血管疾病有很多种形式，都可以潜在地影响大脑的血液供应。虽然特定心脏病的症状各不相同，但有三个比较通用的标志可以表明你的血液循环功能在减弱：

- 胸痛（心绞痛）
- 气短

- 手脚疼痛、冰冷、麻木或无力。

你可能还会出现下面的一些症状：

- 头晕
- 昏厥
- 疲劳
- 消化不良
- 恶心
- 上腹疼痛或不适
- 肩膀或背部疼痛或不适
- 下颌或颈部疼痛或不适

如果你有上述症状之一，你便可能有患心血管疾病的风险，应该咨询你的医生。但我想事先警告一点：很多患心脑血管疾病的人并不会出现明显的症状。通常，女人不会出现胸痛这样的严重症状；相反地，她们可能有一些非特异性的症状，例如，疲劳或恶心，这使早期诊断变得困难。

心血管疾病的成因

为什么有些人会血液循环不畅？虽然心脏疾病有许多形式，但引起血流供应减少或受限的心血管疾病主要有三种：第一种是动脉粥样硬化，你的动脉会变窄或受到斑块的堵塞，这将让流经你生理系统的血液总量受限。第二种是高血压，你的心脏太用力推动血液，导致你的动脉和静脉被撕裂，血管会出现洞眼，血液会泄漏到外面，而不是流到你的大脑。第三种是低血压，低血压可以减少血液循环，在这种情况下，你的心脏没有足够的力量将血液抽送到生理系统的各个地方，导致大脑和其他器官供血不足。

是什么原因导致这三种危险的心血管疾病的呢？

引发动脉粥样硬化的原因

- 糖尿病

- 高血压
- 高胆固醇
- 吸烟

引发高血压的原因

- 先天性（出生时）的血管缺陷
- 药物（包括酒精、避孕药、某些寒性药物、减充血剂、利尿剂、某些偏头痛药物和止痛药）
- 内分泌疾病（肢端肥大症、库兴氏综合征、甲状腺功能低下或亢进）
- 遗传
- 非法毒品（可卡因、安非他明）
- 肾病
- 肥胖
- 怀孕

引发低血压的原因

- 过敏性反应（严重过敏反应）
- 贫血
- 脱水
- 糖尿病
- 药物（包括酒精、α 和 β 受体阻滞剂、利尿剂、某些抗焦虑和抗抑郁的药物、心脏药品和止痛药）
- 内分泌疾病（甲状腺功能低下或亢进）
- 已有的心脏病（心脏病发作、心力衰竭、心瓣膜问题、心率低）
- 怀孕
- 血量减少（由脱水、饥饿或出血导致的）

虽然不总是能精确地找出动脉粥样硬化或血压异常的每个病例的具体原因，但上述病症和药物是引发心脏疾病最常见的一些原因。接下来，我们将探讨更有可能导致心脏疾病的因素。

心血管疾病的风险因素

有许多不同的因素会导致心血管疾病。有些因素是不可控的，例如，你的家族病史。其他的因素，例如饮食，则是由于选择了不良或不健康的生活方式而导致的。下面列出了会增加心脏疾病罹患风险的因素。

不可控因素

- 年龄。患心脏疾病的风险会随着年龄增长而增加。
- 性别。一般情况下，男性患心脏疾病的风险更大。女性绝经后的患病风险会等于或超过同年龄的男性。
- 遗传。种族和家族心脏病史也会增加罹患心脏疾病的风险。和白种人相比，非裔美国人、墨西哥裔美国人、印第安人、夏威夷土著人以及一些亚裔美国人患心脏疾病的风险更高。

可控因素

- 高血压
- 高血脂（尤其是低密度脂蛋白胆固醇高）
- 同型半胱氨酸水平高
- 牙龈疾病
- 糖尿病
- 肥胖
- 身体活动少
- 不良饮食习惯（钠摄入量高）
- 吸烟
- 压力

如果你受上述任一风险因素的影响，那么你会有更高的患心脏病和血液循环不畅的风险，应向医生咨询建议和治疗方案。下一节将介绍医生诊断心脏病的最常用的方法。

用于诊断心血管疾病的检查

医生会使用很多检查来判断你是否患有心血管疾病（或正处于患病风险中）。虽然用哪种检查取决于你病症的具体类型，但仍有一些最常用的诊断工具可以诊断与血液循环不畅相关的常见心脏病，如下所示。

用于诊断动脉粥样硬化的检查

- 动脉造影检查。有很多种不同的有着色剂或无着色剂的造影工具可以用来更详细地查看你的动脉，显示动脉瘤、钙沉积以及任何硬化或收窄的区域。这些工具包括心导管检查和造影、计算机断层扫描（CT）扫描仪、磁共振血管造影（MRA）。
- 验血。测量胆固醇和血糖水平。
- 心电图（ECG）。测量心脏活动，可用于压力测试。
- 体检。鉴定体检者的动脉是否硬化或变窄，例如，脉搏微弱、血压下降、异常血流或动脉瘤。
- 压力（运动）测试。在身体处于压力的情况下（慢跑或骑自行车），监测心脏状态。

用于诊断高血压或低血压的检查

- 量血压。用听诊器和充气橡胶封套来读取收缩压（心脏收缩时对动脉壁的压力）和舒张压（心脏松弛时对动脉壁的压力）。
- 验血。测量胆固醇水平。
- 心电图（ECG）。测量心脏活动。

生活方式的改变

虽然心血管疾病的许多风险因素是不可控的，但还是有很多风险因素是可以通过做出有益于健康的正确选择来控制的。因此，任何改善或预防心脏病的举措首先应该从评估你的生活方式开始，就像本章开始部分的问卷调查一样。你是否吃很多高脂肪和高盐的食物？你是否超重或肥胖？你在生活中是否经常久坐？你吸烟吗？你是否酗酒？如果你对上述问题的回答，有任何一个为“是”，那么你的生活方式就有可能让你患上心脏疾病。

幸运的是，通过改变生活方式降低患心血管疾病的风险是相对比较简单的。本节概述一些无须药物或手术干预就可以降低患心脏疾病可能性的最重要的方式：均衡膳食、保持健康的体重、运动、管理压力水平、戒烟、避免或限制饮酒。通过遵循这些简单的指导，你可以改善自身的血液循环，并且可以减轻甚至预防记忆力衰退。

- 避免或限制饮酒。研究表明，适度的饮酒：女性每天饮用一杯啤酒、4 盎司（1 盎司≈28.3 克）葡萄酒或 1.5 盎司 80 或 100 标准酒精度的烈酒，男性饮用这个量的两倍，可以降低患上心脏疾病的风险。但超过这个量的饮酒则会显著提高患病的风险，提高甘油三酯水平，并导致高血压、心律不齐和心脏衰竭。所以要小心，不要过度饮酒！
- 运动。经常运动，是降低患心脏疾病风险的最佳途径之一。它可以帮助你降低胆固醇和血压，是任何降低体重或保持健康体重的计划不可或缺的部分。此外，体育锻炼既能提高你吸入和利用氧气的能力，又能加强和扩张你的血管——这两个好处对预防血管性痴呆有直接的影响。欲了解更多信息，请参见第八章。
- 保持健康的体重。超重［身体质量指数（BMI）在 25.0 与 29.9 之间］或肥胖（BMI 超过 30.0）的人患心脏疾病的风险更大。因此，你应该一直努力通过运动、适当的饮食和其他措施来维持健康的体重。如果你已经改变了你的生活方式却仍不能降低体重或维持体重，你就应该咨询代谢专科医生，确定你不能降低体重的原因，可能是因为激素失衡、过敏，或者患有某种神经递质功能紊乱。如果你已经超重或肥胖，应努力回到正常体重范围内。据疾病预防控制中心报告显示，体重减少 5%～10%，可以显著地降低患心脏疾病的可能性。

- 管理压力水平。长时间或高强度的压力源会让你的血压升高、心率加快，导致不规则的心脏节律，损坏动脉并削弱免疫系统，提高你患心血管疾病的风险。所以，你有必要采取措施减少生活中压力源的数量，降低其强度。关于如何管理压力的更多信息，请参见第十一章。
- 戒烟。根据美国心脏协会的报道，吸烟在导致美国人过早死亡的原因中最具可预防性，因为它与许多心血管疾病的较高风险相关，包括动脉粥样硬化、心脏病发作和中风。吸烟甚至呼吸二手烟，会耗尽你体内好的胆固醇（高密度脂蛋白），暂时提高你的血压，损害你的血管内膜，减少你的血液循环，并促使危险血凝块的形成。它还会抑制你的运动能力，因为它损害你的肺，让你在运动时难以进行正常的呼吸。正如克利夫兰诊所（Cleveland Clinic）所说的，吸烟是有害健康的，你吸烟的时间越长，你每天吸的烟越多，你患心脏疾病的风险就会越高。如果你吸烟，请戒烟；如果你不吸烟，应尽量避免接触吸烟人群。

膳食均衡

健康、均衡的饮食是心血管健康的基石之一。良好的饮食习惯不仅会在整体上降低你患心脏疾病的风险，还能帮助你控制导致心脏疾病的其他因素，降低胆固醇水平，降低患肥胖症、高血压和糖尿病的风险。

虽然有许多特定的饮食可以改善你的心脏健康，但许多医生和科学家目前都倡导地中海饮食。2013 年，哈佛公共卫生学院（Harvard School of Public Health）的一项研究表明，这种饮食可使心脏病发作、中风和死于心脏病的风险降低

30%，与使用单一他汀类药物达到的效果几乎相同。在第十二章中你可以找到关于地中海饮食的完整介绍。

按照上述指导，你可以降低患心脏疾病的可能性。如果你已经有心脏问题，按照第十二章描述的内容来均衡饮食，对防止心脏病或中风的复发有一定的效果。此外，你应该避免食用过敏食物。研究表明，过敏反应会使血压升高。健康、均衡的饮食则会改善你的血液循环，对你的记忆来说，这是好消息！

补充剂

为了更好的心血管健康，你也可以选择在日常饮食中加入下列补充剂的一种或多种。

补充剂	用量	注意事项
精氨酸	每日 1 次，每次 3 000~9 000 mg	若有肾病、肝病或疱疹，请先咨询医生
黄连素	每日 3 次，每次 300~500 mg	
肉毒碱	每日 1 次，每次 1 000~2 000 mg	若有肾病或肝病，请先咨询医生
辅酶 Q_{10}	每日 1 次，每次 120~400 mg	可降低血液稀释剂的影响。每天 1 次，每次超过 100 mg 的剂量可能会引起腹泻
D-核糖	每日 1 次，每次 5~30 克	可能会干扰胰岛素和糖尿病药物
山楂	每日 1 次，每次 160~900 mg	可能会干扰一些血压药物的吸收，请先咨询医生
镁	每日 1 次，每次 600~800 mg	肾病患者不建议服用。若有腹泻，减少用量。若有腹痛，停止服用并看医生
Omega-3 脂肪酸 EPA/DHA（鱼油）	每日 1 次，每次 2 000~3 000 mg	选择含维生素 E 的原料以避免氧化
钾	具体剂量请咨询医生	
硒	每日 1 次，每次 100~200 μg	
牛磺酸	每日 1 次，每次 1.5~3 g	若有肾病或肝病，服用前请咨询医生
维生素 B 族	遵医嘱服用	

续表

补充剂	用量	注意事项
维生素 C	每日两次，每次 500 mg	如果你有得肾结石或痛风的倾向，请先咨询医生
维生素 D	遵医嘱服用	可能会引起食欲不振、恶心和呕吐
维生素 E	每日 1 次，每次 200 ~ 400 IU	服用混合生育酚这种更活跃的维生素 E。若你在使用血液稀释剂，服用前请先咨询医生

激素疗法

正如你将在第四章看到的，激素平衡对帮助你在一生中保持记忆力和专注力是至关重要的。激素还具有调节心血管系统的重要作用。因此，由于你的激素水平随着年龄增大而下降，为了保护你的心血管系统和心脏，你可能要考虑激素替代疗法。在医生的指导下进行激素替代疗法，可以大大改善你的血液循环，从而限制或预防记忆力衰退和认知功能衰退。下面你将了解各种不同的激素，这些激素若使用得当，对预防和治疗心脏疾病将很有益。

雌激素

如果女性在更年期开始之前就使用雌激素疗法，可以有效地预防动脉粥样硬化。雌激素对心脏健康还有许多其他功能，其中一些在下面列出。

- 有助于保持你的心脏收缩能力。
- 有助于防止或限制斑块和钙沉积的形成，这两者都会导致动脉变窄。
- 帮助修复血管的伤口。
- 改善动脉功能。
- 提高胰岛素的敏感性。
- 增加心脏泵出的血量。
- 限制动脉粥样硬化斑块和动脉钙化的形成。
- 降低纤维蛋白原的水平，它能促使血块增多。
- 抑制可导致高胆固醇、高血糖、高血压、心脏疾病和体重增加的应激反应。

研究表明，对于绝经后的女性，雌激素替代疗法可使患心脏疾病的风险和因心脏疾病引发死亡的风险降低幅度高达50%。如果绝经后的女性正确地利用雌激素，雌激素可以：

- 降低总胆固醇。
- 降低低密度脂蛋白（不好的）胆固醇。
- 提高高密度脂蛋白（好的）胆固醇。
- 作为钙通道阻断剂，促进血管扩张（扩大），增加供血量，改善血压。

对男性而言，雌激素水平的升高则可能提高患心脏疾病和前列腺癌的风险。此外，高水平的雌二醇（一种特定的雌激素）与男性患中风、周围血管疾病以及颈动脉狭窄的风险增加相关。因此，男性要监测他们的雌激素水平以发现任何异常，这一点很重要。

孕酮

对女性而言，一些证据表明，孕酮，而不是其合成的孕激素，能够加强雌激素对预防运动诱发的心脏损害的作用。孕酮能放松冠状动脉，并有助于防止心悸（感觉自己的心脏像在竞赛或遭受重击一样）。孕酮也已被证明有助于降低女性的血压。

对于男性而言，孕酮替代疗法是一个相对较新的治疗方法。研究表明，孕酮替代可以降低甘油三酯、总胆固醇、低密度脂蛋白（不好的）胆固醇、载脂蛋白B和载脂蛋白A-1——所有这些验血测试中的指标都表明患心脏疾病的风险会较高。

睾酮

低睾酮水平与导致记忆力下降的心血管疾病相关，包括糖尿病、高血压和充血性心脏衰竭。

对缺乏睾酮的女性而言，激素替代疗法有下列益处。

- 减少心绞痛（胸痛）的症状。
- 使脂蛋白（a）的水平降低65%。
- 放松冠状动脉，使更多的血液流向心脏。

雌激素水平低的女性不应该接受睾酮替代疗法，因为这种不平衡可以增加患心脏疾病的风险。因此，如果你正在考虑使用睾酮替代疗法，你也需要考虑补充雌激素和孕酮。

女性睾酮水平高，往往是多囊卵巢综合征（PCOS）的症状，这种症状经常与血脂异常和较高的患心脏疾病尤其是高血压的风险相关。因此，有这种情况的女性应咨询代谢或抗衰老专家，让其帮助她们将睾酮浓度降低到正常水平。

对于男性而言，睾酮水平低与导致记忆力下降的心血管疾病相关，包括糖尿病、高血压和充血性心脏衰竭。当男人到更年期时，他们的睾酮水平开始以每年1%的速度下降。睾酮的降低会导致与衰老过程相关的胆固醇水平的升高。因此，如果男性的睾酮水平较低，为预防心脏疾病和保持记忆力，应考虑睾酮替代疗法。

DHEA-S

对男性而言，低水平的脱氢表雄酮（DHEA-S）与患心脏疾病的风险增加相关。同样，在50岁以上的男性中，体内DHEA-S浓度较低的人更有可能死于心脏疾病。对女性而言，低DHEA-S水平的人也更有可能因为心脏疾病和其他各种原因而死亡。

褪黑激素

冠心病患者往往具有较低的褪黑激素的夜间血清水平。褪黑激素已被证实能够有效防止慢性缺氧患者因心脏缺血而受到损伤。褪黑激素有助于扩大心脏血管和攻击破坏动脉的自由基，从而保护心脏；它还能抑制低密度脂蛋白（不好的）胆固醇的氧化。

甲状腺激素

甲状腺的功能障碍和心血管疾病之间的关系经发现以来，已经有一百多年了。研究表明，甲状腺功能低下症（甲减）与心脏疾病的风险增加相关。通过改善甲状腺激素水平，可以保持血管弹性和扩张（变宽），提高血脂和胰岛素的敏感性，减少患充血性心脏衰竭的风险，并降低C-反应蛋白和同型半胱氨酸的水平——这两种物质都与心脏疾病发生率增高相关。因此，为了预防和治疗心脏疾病，你的甲状腺要能正常地运转，这一点很重要。如果你对你的甲状腺功能有疑问，可以咨询一下代谢或抗衰老专家，让他们帮你测一测你的甲状腺激素水平。

皮质醇

应激激素皮质醇对心脏健康起着重要作用。在一项重大的针对心脏病发作的风险因素的国际性INTERHEART的研究中，心理社会因素，例如压力，比糖尿病、吸烟、高血压和肥胖能更有效地预测心脏病发作。与压力大相关的较高的皮质醇水平，会提高胆固醇和血糖水平，从而提高患心脏疾病的风险。此外，皮质醇水平高可能会导致高血压、体重增加和甲状腺功能紊乱。为了降低皮质醇水平，你需要采取适当的措施减少生活中的压力。本书第二部分涵盖了压力管理指南。

小结

读完这一章后，现在你知道，与心血管疾病相关的血液循环不畅可能引起记忆力衰退。事实上，记忆力衰退甚至可以被认为是心脏疾病的症状。虽然你不能总是预防心脏疾病，但可以通过改变生活方式、饮食、补充剂和激素替代疗法来减轻其影响，甚至降低患病风险。如果不进行治疗，血液循环不畅可能导致心脏病发作和中风，从而患上血管性痴呆。通过改善血液循环，你为自己的心脏和大脑都提供了重要的援助，这将大大降低记忆力衰退的风险。

第三章

重金属中毒

你的记忆力衰退是重金属中毒造成的吗?

调查问卷

本调查问卷旨在帮助你确定金属中毒是否正在影响你的记忆力和认知功能。请仔细阅读每一个问题，并在最能代表你答案的框中打钩。

	是	否	不确定
1. 你是否住在1978年以前建造的建筑物里?	□	□	□
2. 你或你的孩子是否经常触摸1976年以前刷漆的旧玩具或家具?	□	□	□
3. 你的工作是否需要频繁接触管道和其他五金?	□	□	□
4. 你是否经常接触焊接或冶炼过程?	□	□	□
5. 你是否在采矿或矿石加工行业工作?	□	□	□
6. 你是否使用含有重金属的农药、化肥或牲畜饲料?	□	□	□
7. 你是否在汽车店工作?	□	□	□
8. 你是否每周吃两次以上的鱼或贝类?	□	□	□
9. 你是否使用铝制炊具或铝箔纸?	□	□	□
10. 你的爱好涉及焊接、饰品制作或陶器上釉吗?	□	□	□

如果你对这些问题中的任何一个的回答是“是”，那么你的记忆力衰退就有可能是由重金属中毒导致的。

毒素——对人体有毒的化学元素——能在许多方面损害记忆力和认知功能。正如你在第五章将了解到的，任何进入你体内的外来物质都可能引发炎症。因为局部炎症（影响体内特定器官或区域的炎症）可影响甚至蔓延到身体的其他部位，所以毒素可以对你的大脑造成很大的伤害。除了引发炎症，这些毒素也可以通过引起氧化应激、灭活所有大脑活动过程必不可少的神经递质以及破坏或干扰神经和脑细胞的正常功能，直接影响记忆力和认知功能。

虽然危害你身体的毒素有很多，但本章聚焦于讨论重金属——那些可以严重影响你健康的特殊金属和金属化合物。重金属可以造成许多不同的器官和器官系统的损害，包括心脏、肾脏、骨骼和免疫系统。但研究一致显示，重金属是最常攻击神经系统的，它们尤其会对你的大脑和认知功能造成严重危害。麻烦的是，并不是在制造或建筑等行业工作的人才会接触到这些金属。事实上，通过环境（土壤、食物、水）或常见的消费类产品（涂料和其他美术材料、化妆品、玩具、牙科制品），你都会接触到很多有害金属。

通常，当你长时间反复接触某种金属时，这种金属就可能进入你的体内，直到你体内堆积了巨大的毒素量，症状才会显现出来。这就是所谓的慢性金属中毒。急性金属中毒比较罕见，发生于短期内摄入或者接触到非常多的毒素。

本章开头的调查问卷旨在帮助你确定毒素是否在影响你的记忆力和专注力。如果你对这些问题当中的任何一个的回答是“是”，你就有可能患有重金属中毒。本章对重金属中毒进行了基本的介绍，为你提供指导，帮助你了解它的主要来源、症状、诊断和治疗方法。掌握了这些信息，你就可以减少摄入重金属的机会，从而消除这个会危害你的认知健康的障碍。

症状

虽然准确的症状取决于中毒金属的确切性质，但也有一些共同的生理和神经上的症状可以表明慢性重金属中毒的发生。除了记忆力衰退，还包括：

- 腹痛

- 失明和视力问题
- 混乱
- 学习困难
- 肠胃不适
- 食欲不振
- 情绪紊乱
- 肌无力
- 皮疹和其他皮肤问题
- 癫痫发作
- 言语障碍
- 震颤

不幸的是，慢性摄入重金属很难被检查出来，因为毒素在你体内堆积和引起症状是需要时间的。通常，轻微的警告性的症状总是被忽视或被误诊为其他健康问题的症状，直到症状变得更糟糕时才怀疑是重金属中毒。

相比之下，急性重金属中毒病例就比较容易识别。急性中毒非常严重，并有可能引起休克、肾功能衰竭甚至死亡。急性中毒幸存下来的人，在毒素排出体外的长期过程中，会经历慢性中毒的症状。

来源

有许多不同的金属都是毒素，会诱发重金属中毒。本节概述的是那些最为人熟知的、最影响认知功能的物质。

铝

铝是普遍存在于食品添加剂、汽车尾气、烟草烟雾、铝箔、易拉罐、陶瓷、抗酸药、止泻药以及一些止汗剂和婴儿免疫疫苗中的金属。一些研究表明，长时间或密集接触铝，与神经损伤和大脑中的淀粉样蛋白斑的形成相关。你或许还记得，在第一章中，淀粉样蛋白斑本身与阿尔茨海默氏症和其他形式的痴呆的形成相关。斑块长得越大，你的基本认知功能就会受到越大的干扰。

砷

砷是少量存在于某些杀虫剂、药物、微电子、汽车尾气和化学武器中的毒素。在各种采矿业、制造业、汽车维修业工作或从事园艺和农业工作（由于农药、牲畜饲料、棉花收割用到砷）的人可能会长期接触砷。除了在相关行业中接触到砷，砷中毒还可能来自于受污染的井水或土壤，也可能在某些食品添加剂（包括苹果汁）和磷酸盐洗涤剂中发现砷。长时间或密集地接触砷，会引起周围神经系统的广泛损害，从而使学习能力、最近的记忆力和注意力受损。砷还会干扰有助于产生和调节胰岛素的基因的正常功能，提高患糖尿病的可能性。它是注意力和记忆力降低的一个严重的风险因素。

铜

适量摄入微量矿物质铜，实际上是人类大脑健康所必需的，它会充当抗氧化剂并帮助防止自由基带来的损伤。大多数人都通过饮食来得到他们所需要的所有的铜——海鲜、动物内脏（肝、肾）、全谷类、豆类（豆）和坚果，它们都富含这种营养素。

铜对维持大脑的生物化学过程至关重要，因此铜的水平太高或太低都会导致神经疾病的发生。在焊接或微电子和电池制造行业中工作的人可能会过度摄入铜。其他可能导致人们接触到铜的物品还包括某些油漆、杀虫剂和杀真菌剂、陶瓷、人造花卉、织物染料、人造纤维和木材防腐剂。体内铜水平较高与淀粉样蛋白斑块和 tau 缠结的累积相关，这两个都是阿尔茨海默氏症的特征（参见第七章）。

氟

从分类上看，氟不是重金属。因为氟有助于预防蛀牙，所以氟这种化学元素经常被添加到本地水源和牙膏中。它也存在于一些果汁、汽水和婴儿食品中。在中国的研究表明，生活在水加氟地区的儿童的智商比生活在低氟地区的儿童的智商低 10~20 个百分点。此外，动物研究表明，氟可穿越血脑屏障，引起短期记忆力衰退。氟与人类的认知功能之间的关系，还需要进行更多的研究。

铁

铁是一种在维护身体健康上起着许多重要作用的微量矿物质。也许最值得注意的是，铁是红细胞的一个关键成分，是氧气在整个循环系统中的运输媒介。在理想情况下，你可以通过饮食得到需要的所有的铁。铁的天然来源包括海带、许多全谷物和种子、红肉和绿叶菜，例如甜菜和瑞士甜菜。虽然缺铁很常见，可以导致记忆力衰退，但过度摄入铁会造成更严重的后果，至少对你的大脑来说。铁的水平高会导致淀粉样蛋白斑——阿尔茨海默氏症的一个标志——累积加速。铁水平升高似乎暗示伴随着阿尔茨海默氏症的脑部炎症，削弱对氧化应激和自由基损害的免疫应答。铁中毒比较罕见，但补铁过度可以引起铁中毒。

铅

美国国立卫生研究院（National Institutes of Health）认为铅是一种“非常强烈的毒药”，可导致严重的健康问题。虽然经各方面努力，人们提高了对铅中毒危害的认识并取得一些成功——汽油和房子涂料不再用这种物质来生产，但一些老房子、1976 年以前生产的或进口的涂漆玩具、某些美术用品、陶器、锡餐具、旧管道、水管和金属装置中仍然含有铅。旧车尾气污染的灰尘、油漆裂片或金属残留物中也有铅。在美国之外的地区，铅中毒可能是职业病，人们会因为在各种制造业和采矿企业中工作而频繁地和铅接触。

虽然铅可以影响身体的每一个器官，但铅的主要损伤目标是神经系统。久而久之，铅会在体内积累，导致脑损伤。铅中毒对儿童有尤为严重的影响。摄入铅会妨碍正常的大脑发育，并导致终身的学习障碍、行为问题和语言障碍。对成人而言，长期摄入铅可导致严重的认知功能衰退，包括记忆力衰退、注意力不集中以及情绪失调。即使是摄入较低水平的铅，也会导致认知功能的衰退。

铅可直接导致神经元和其他神经细胞的死亡或功能障碍，它也可以间接地影响认知功能。铅的浓度高与同型半胱氨酸的水平升高相关，同型半胱氨酸是一种促进自由基产生的氨基酸。正如你在第五章将看到的，自由基是严重破坏人体细胞的不稳定分子，破坏或杀死它们是炎症过程的一部分，称为氧化应激。铅水平高也会导致高血压，而高血压本身就是血管性痴呆和其他与循环相关的记忆力衰退的一个风险因素。

锰

锰是一种矿物质，天然存在于许多坚果、种子和谷物中。当身体含有的锰浓度适当时，锰实际上在你的身体内发挥着一些重要作用。它帮助身体制造结缔组织、骨骼和性激素，并且参与碳水化合物的代谢、钙的吸收和血糖的调节。它也作为一种抗氧化剂，保护机体不受自由基的损害。或许对我们的讨论最重要的是，锰也被认为是正常的脑和神经功能所必需的元素。

因此适当水平的锰对你的身体是有好处的。当锰的含量超出了可接受的范围，麻烦就开始了。对大多数人来说，锰中毒根本不是问题，中毒的可能性几乎为零。锰的正常水平是通过饮食来维持的，从外部过多摄入锰的可能性不大。但是，对那些在工作中经常接触锰的人来说，是有锰中毒的风险的。在制造行业工作时，焊接或闻到锰，长时间接触受锰污染的饮用水或使用某些含锰的化肥或美术用品，都很可能吸入锰，然后锰直接进入脑，在那里它可以造成神经元的严重损坏。锰的水平高与神经问题相关，例如震颤、情绪变化、幻觉以及帕金森氏症这样的疾病——这本身是痴呆的潜在原因（参见第一章）。慢性摄入锰也可能损害儿童的大脑发育，导致认知功能较差。

汞

慢性接触和吸入汞会引发严重的神经系统损伤，导致认知功能衰退、心理问题和情绪失调。汞中毒对儿童尤为危险，汞会阻碍发育，并可能导致学习障碍甚至智力发育迟缓。它干扰抗氧化剂的产生，实质上引起氧化应激（参见第五章），这反过来又导致神经元的变性。汞的毒性水平也会让你的神经递质水平失去平衡，危害你的脑细胞之间的正常通信。此外，汞也可能促进神经元纤维缠结和淀粉样蛋白的产生——两者是各种形式的痴呆包括阿尔茨海默氏症的脑部标志（参见第一章）。

还记得《爱丽丝梦游仙境》里的疯帽子吗？疯帽子的概念是有事实根据的：十八九世纪的许多女帽制造商由于长期接触汞得了情绪障碍和痴呆，那时汞用于帽子的制造和处理。虽然现在汞不再用于制造帽子，但它还用于一些温度计、电气和医疗设备、旧的牙齿填充物以及一些消毒剂中。

发电厂和涉及工业制造的一些设施也会将汞排放到空气中。汞可以从空气中进入各种水体中，在水体中它被由天然存在的细菌转化为甲基汞，甲基汞是汞的一种形式，对人类特别危险。生活在这些水体中的鱼会积累更高水平的甲基汞。如果你经常吃这些鱼，你就会有汞中毒的风险。虽然美国环保局（EPA）宣称几乎所有的鱼和贝类都含有一些甲基汞，但较大的鱼往往含有较高的汞，因为它们的生长时间更长，因此也有更多的时间来积累大量的这种有害金属。因此，环保局建议人们把鱼的摄入量限制在一周 12 盎司以内，即使是低汞的鱼（虾、罐装淡金枪鱼、鳕鱼和鲶鱼），另外避免食用鲨鱼、旗鱼、鲭鱼，或者方头鱼。由于汞中毒是逐渐形成的，你不必太严格局限于这条每周 12 盎司的建议。如果本周你食用鱼的次数超过两次，在下一周减少鱼的食用量就可以了。

锌

锌是一种重要的微量矿物质，参与体内一百多种酶的反应。大多数人通过饮食得到他们所需要的所有的锌。富含锌的食物包括牡蛎和其他海产品、红肉、生姜、豆类和坚果。但是，像任何营养素一样，摄入太多这种矿物也会对身体尤其是大脑造成伤害。锌水平的升高会加速淀粉样蛋白斑的形成。在制造业工作或经常使用汽车零部件、电气设备、工具、硬件和某些玩具而接触到锌的人可能会过度摄入锌。

诊断

由于重金属中毒比较罕见，它有时会被误认为其他疾病或障碍。通常，重金属中毒只需要通过患者的病史和目前的生活方式来诊断。例如，如果你从事的职业或生活方式让你反复接触一种或多种金属，你便有重金属中毒的危险。如果没有明确的污染源，诊断只能用特定的检查来证实，具体用哪种检查取决于医生怀疑的引起症状的毒素。验血和验尿是最常用来确定金属水平是否太高的检查。如果你怀疑自己重金属中毒，请咨询医生，并要求进行检查。

预防

对于重金属中毒，预防往往是最好的治疗方法。既然你已经知道重金属中毒的危害，那么就要减少或消除它在你生活中存在的可能性。以下提示将帮助你识别和摆脱你可能会经常接触到的任何重金属。

- 将 1978 年前刷的漆刮掉或者将房间封起来，在旧的漆上重刷涂料并不能消除其中包含的铅。因为刮去旧油漆的过程也会危害你的健康，所以如果你怀疑你的房间有旧油漆层，请专业人员来去除这些毒素。
- 避免给孩子玩旧玩具。1976 年以前制造的玩具可能会用含铅的油漆。
- 不要使用铝制炊具，并限制铝箔的使用。
- 如果你的牙齿中有汞的填补材料，考虑让环保牙医用直接复合材料、陶瓷或黄金材料来代替。
- 只食用含汞量低的鱼和贝类，例如沙丁鱼、罗非鱼、虾和牡蛎。
- 扔掉含有重金属的家用洗涤剂、农药、化肥和美术用品，看看成分是否包含铅、砷、锰或磷酸盐。使用绿色环保的家居产品，它们的毒性较小，因此家用也是安全的。
- 如果你的工作让你经常接触重金属，请确保采取适当的措施避免中毒，必要时戴上眼罩、口罩和手套。美国职业安全健康管理局（Occupational Safety and Health Administration，OSHA）对使用重金属的制造行业公布了严格的使用规定。

治疗方案

如果诊断出重金属中毒，第一要务是解决这一问题的根源。可能的话，如上面所讨论的那样，降少或消除接触任何有毒物质的机会：将旧油漆去除（或密封），扔掉20世纪80年代之前的旧玩具，不再使用铝箔和含铝的止汗剂，限制吃含汞高的鱼。

慢性重金属中毒可能需要螯合疗法。螯合治疗涉及注射或摄入一种化学药品，通常是乙二胺四乙酸（EDTA）或二巯基琥珀酸（DMSA），这种化学药品能够结合（螯合）重金属，包括铅、汞和砷。一旦这些有毒金属被结合到化学黏结剂上，它们就可以通过排尿从你的身体系统中排除。通常情况下，螯合疗法包括5~30次治疗。如果螯合剂是用静脉注射的，每一次可能会持续几个小时。而根据中毒的类型和严重程度，治疗可能需要数月才能完成，康复的过程缓慢而渐进。可能的副作用包括发烧、恶心、呕吐、低血压和头痛。由于螯合疗法会不加选择地与你体内所有金属和矿物质结合，医生可能会开营养补充剂来补充从你的体内被剥夺的营养。

急性金属中毒则需要立即抢救。如果你已经摄入大量毒素，你需要在事故发生的四小时之内清空胃部；如果不是，急救医务人员可能会用使危险金属失去作用的解毒剂。从急性重金属中毒幸存下来的人可能仍需要用螯合疗法来消除体内残留的毒素。

小结

虽然重金属中毒比较罕见，但它对人类大脑神经系统却有着很深、很广的影响，并导致认知功能下降和记忆力衰退。正如你将在第五章看到的，你可以为你的脑部健康做的最重要的事情之一就是防止有害物质进入你的身体。如果可能的话必须避免重金属之类的毒素，以确保你的大脑在未来的日子里仍保持敏捷和活跃。

第四章

激素失衡

你的记忆力衰退是激素失衡造成的吗？

调查问卷

本调查问卷旨在帮助你确定激素失衡是否正在影响你的记忆力和认知功能。请仔细阅读每一个问题，并在最能代表你答案的框中打钩。

	是	否	不确定
1. 你是否压力很大？	□	□	□
2. 你是否服用药物，例如抗生素、抗抑郁药、避孕药或止痛药？	□	□	□
3. 你是否超重了20磅或更多？	□	□	□
4. 你是否经常运动？	□	□	□
5. 你是否存在内分泌紊乱（与垂体、甲状腺、甲状旁腺、肾上腺和胰腺腺体相关的疾病）？	□	□	□
6. 你现在正在接受化疗吗？	□	□	□
女性：			
7. 你现在正经历更年期或准更年期吗？	□	□	□
8. 你是否患有子宫内膜异位症、卵巢早衰或多囊卵巢综合征（PCOS）？	□	□	□
9. 你是否怀孕了？	□	□	□

男性：

10. 你是否超过 50 岁并且现在正在经历男性更年期吗？ □ □ □

如果你对这些问题中的任何一个的回答是“是”，那么你的记忆力衰退就有可能是由激素失衡导致的。

记忆力衰退可能是激素失衡的症状之一。激素是身体的化学信使，它们流经你的血液传递着信号，这些信号告诉你的细胞去执行维持生命所必需的功能。虽然它们最重要的作用是调节多种重要的生理过程，包括性功能、繁殖、新陈代谢和生长，但在维持适当的认知功能和记忆力上，它们也起着关键的作用。

你的激素处于不断的沟通中，每一种激素都在你体内的激素“交响乐”中演奏特定的部分。为了让你的思想和身体正常运作，你的激素必须协调工作。当你的激素平衡时，交响乐和谐演奏，你感觉好极了，你的思维以最大速度运转；当你的激素不均衡时，交响乐格格不入，你感觉很糟糕，你很难记住事情或执行简单的心理任务。

因此，如果你或你的亲人记忆力衰退，很大可能是因为激素失衡或激素功能障碍（激素产生过剩或不足的结果）。本章开始部分的调查问卷旨在帮助你确定你是否存在这种情况。如果你对上述问题的回答多数为“是”，那么激素失衡很有可能正在损害你的认知功能。本章将向你介绍有关激素失衡的原因和症状、特定激素在支持记忆和认知功能中的作用，以及你可以做什么来解决你可能存在的激素不足或过多等问题的宝贵信息。

首先，让我们来看看激素失衡的原因。

激素失衡的原因

很多因素会影响你的身体所产生的激素数量以及它们平衡的方式。一般来说你的激素水平会随着年龄的增长而降低，激素功能障碍并非只是老年人和中年人特有的问题，年轻人也可能会受到影响！在你的一生中，激素水平都在不断地变化，每个小时、每一天、每一年都在波动。在这里，我们只关心对你的激素平衡有长期影响的因素，因为这些因素最有可能影响到你的记忆和认知水平。虽然激素失衡或功能障碍的具体原因取决于你的个人情况以及受影响的激素，但有一些普遍的因素可能会导致激素问题的产生，下面列出了这些因素。

激素失衡的原因

- 酗酒
- 男性更年期
- 咖啡因
- 化疗
- 分娩
- 内分泌紊乱（垂体疾病、甲状腺、甲状旁腺、肾上腺和胰腺腺体）
- 子宫内膜异位症
- 环境毒素
- 遗传
- 头部受伤
- 感染
- 缺乏运动或过多地运动
- 缺乏营养
- 肥胖
- 某些药物（包括抗抑郁药和避孕药等）
- 准更年期和更年期
- 多囊卵巢综合征（PCOS）
- 不良的饮食习惯（食物中谷类和纤维的含量较少，饱和脂肪和糖分的含量较高）
- 怀孕
- 使用毒品

- 压力
- 缺乏维生素

孕烯醇酮

孕烯醇酮是一种神经甾激素，即主要影响脑细胞（神经元）功能的激素。它是由大脑和肾上腺产生的。孕烯醇酮通常被称为“母激素”，因为它被用于产生许多其他重要的激素，包括皮质醇、脱氢表雄酮、雌激素、孕酮和睾酮。除了产生其他激素的作用之外，孕烯醇酮还有很多其他的功能：它可以帮助调节和修复神经系统，增加能量，提高抗压性，防止失眠，减轻疼痛和炎症。但最重要的，孕烯醇酮对记忆有重要的影响。孕烯醇酮对发挥脑细胞的功能是必不可少的：它可以为脑部细胞供应能源提供帮助，提高它们对压力的耐受力，并修复神经损伤。它还通过调节神经递质和神经递质受体，增强脑细胞传递信息的能力。

孕烯醇酮的水平会随着年龄的增长而下降，到 65 岁的时候，你的孕烯醇酮水平可能比你 35 岁的时候少 65%。因为孕烯醇酮对认知功能的发挥是必不可少的，而且它还在影响记忆力的其他激素的合成上起着十分重要的作用，所以，确保你的孕烯醇酮处于适当的水平很重要。一些研究表明，补充孕烯醇酮的含量，可以增进和改善记忆力与认知能力。

孕烯醇酮不足的症状

- 关节炎
- 抑郁
- 疲劳
- 不能应对压力
- 失眠
- 注意力不集中或认知功能衰退

雌激素

雌激素是对一系列“女性”性激素的统称。之所以这么叫，是因为它们主要与女性怀孕和生育的能力相关，但雌激素的影响并不只限于生育。虽然雌激素主要是在女性的卵巢产生，但这个重要的激素的受体在女性的大脑、肌肉、骨骼、膀胱、肠道、子宫、阴道、乳房、眼睛、心脏、肺和血管等地方都可以找到。因此，雌激素在女性体内已证实有超过400种不同的功能。它有助于调节体温和血压，防止肌肉损伤，改善情绪和提高性欲。此外，它还被认为能够促进新陈代谢、维持皮肤和动脉弹性以及帮助优化胆固醇水平。

要注意的是，虽然雌激素被认为是一种“女性”激素，但男性也会产生和使用它。对男性而言，雌激素主要有助于保持骨骼结构和参与脂质（脂肪）代谢。

在记忆和认知上的功能

雌激素也起着调节脑功能的重要作用，因此对记忆力衰退也有重要影响。纽约大学朗格尼医学中心（New York University Langone Medical Center）生殖生物学研究主任弗雷德里克·纳夫妥林（Frederick Naftolin）博士断言：“大脑没有哪个细胞不是直接或间接地对雌激素敏感的。”思考、记忆和注意力集中的过程，在很大程度上都依赖于雌激素，它作为“流体输送”，帮助在脑部的主要区域尤其是海马之间传导和发射信息。

女性产生三种主要的雌激素：雌酮（E1）、雌二醇（E2）和雌三醇（E3）。在更年期，雌二醇——最强形式的、对脑功能维护作用最大的雌激素——水平会开始下降。如果你在更年期前已经摘除一个或两个卵巢，雌二醇水平也会下降。缺乏这种激素可能会产生问题。研究表明，较低的雌二醇水平与记忆力衰退相关。因此，许多医生都推荐患者接受雌激素替代疗法。事实表明，遵医嘱使用雌激素可以改善大脑血液循环，并使患阿尔茨海默氏症的可能性降低54%。对于通过雌激素疗法得到改善的具体认知区域，请看下面的列表。

雌激素和女性的大脑

雌激素是一种功能强大的激素，对女性的大脑可以发挥巨大的影响力。雌激素确实可以通过提高认知功能的方式改变大脑的神经化学和结构。雌激素还有其他的功能：

- 在中风和其他脑损伤的情况下，协调神经细胞的愈合和再生。
- 有助于维持和提高大脑的神经连通性和复杂性。
- 增加了神经元接收信息的潜在“对接点”的表面积。
- 通过促进葡萄糖——大脑的基本能量来源——的摄取来增强大脑的代谢。
- 作为抗炎剂保护神经细胞免受伤害，增强人体的天然抗氧化剂（它对抗自由基），以及防止斑块沉积。
- 减少淀粉样蛋白斑的形成。淀粉样蛋白斑是有毒的，会破坏大脑的蛋白沉积物，与阿尔茨海默氏症的形成有关。
- 刺激认知和记忆过程涉及的多种重要神经递质的产生，包括乙酰胆碱、多巴胺、γ-氨基丁酸（GABA）、谷氨酸、去甲肾上腺素和血清素。

因此，在更年期开始时，将雌激素作为激素替代疗法的一部分来施用，可以达到以下效果：

- 提升能量和幸福感。
- 在施用的几个小时之内，增强脑部和脊髓的许多区域的代谢。
- 减少分心。
- 提高女性动手的速度和灵巧性。
- 提高学习运动感观任务的性能和速度。
- 提高感官知觉：听觉、嗅觉、视觉信号的检测以及细微的触摸能力。
- 提高短期记忆力。
- 提高语言流畅度、言语能力、表达灵敏度，以及重复音节，加速计数和阅读的能力。
- 在诸如开车这样的任务中，维持中央处理引擎的集成。

雌激素也能帮助维持男性的记忆力。它扮演着神经保护者的角色，防止男性的大脑受伤和死亡。可能出于这个原因，在患阿尔茨海默氏症的男性中，低水平的雌激素常常伴随着低水平的睾酮。男性一般不需要进行雌激素替代疗法，因为雌激素水平低在他们身上发生是比较罕见的。

雌激素不足的症状（女性）

- 腹部重量增加
- 粉刺
- 焦虑
- 关节炎
- 慢性疲劳综合征
- 性欲或性功能降低
- 抑郁
- 糖尿病
- 减重困难，即使是节食和运动
- 血压升高
- 胆固醇升高
- 食物渴求
- 头痛和偏头痛
- 面部毛发增多
- 不孕不育
- 关节疼痛
- 能量低
- 骨质疏松
- 多囊卵巢综合征
- 睡眠不安
- 皮肤变薄

- 阴道干燥或疼痛

雌激素不足的症状（男性）

- 骨质疏松症

孕酮

孕酮是一种性激素和神经类固醇，女性体内的孕酮绝经前是在卵巢产生的，绝经后是在肾上腺中产生的；而男性体内的孕酮则是在睾丸组织及肾上腺中产生的。对女性而言，孕酮在其月经、怀孕和胚胎的形成中起着平衡雌激素的作用。它也参与女性的睡眠模式、骨骼发育、膀胱功能和情绪的调节过程。而对于男性而言，孕酮主要影响其精子的生成、睾酮的产生，调节血糖，降低患前列腺癌的风险，并有助于预防抑郁症。

在记忆和认知中的功能

对男女两性别而言，孕酮都对神经元有许多积极的作用。它有助于调节大脑中与学习和记忆相关的某些神经递质的水平，包括多巴胺和氨基丁酸。

科学家们现在正在研究用孕酮替代疗法来防止记忆力衰退。一项研究发现，孕酮疗法可以有效减少全脑缺血对患者空间参考记忆和工作记忆的损害，全脑缺血是由心脏病发作或中风而使大脑没有得到足够的氧气所导致的。此外，孕酮被发现能够防止大脑的记忆中枢海马变窄，而海马会因缺血而受损。

孕酮不足的症状（女性）

- 焦虑
- 高密度脂蛋白水平降低
- 性欲下降
- 抑郁

- 月经过多或过重
- 超敏
- 失眠
- 易怒
- 月经前偏头痛
- 情绪波动
- 神经紧张
- 骨质疏松
- 疼痛和炎症
- 体重增加

因为关于孕酮对男性作用的研究较少，医学上尚未明确与男性孕酮不足相关的症状。

睾酮

睾酮属于雄激素或“男性”激素的一类激素，之所以这么叫，是因为这些激素倾向于调控男性的生理功能和特征。对男性而言，睾酮在睾丸中生成，调节其生殖器官的形成。对女性而言，睾酮则是在其肾上腺和卵巢中生成的，并与提高性欲、骨骼密度、肌肉张力，调节心情和能量水平相关。

不论男性还是女性，睾酮水平都随着年龄的增长而降低，这在男性中更明显。过了 30 岁以后，男性的睾酮每年下降约 1%。到他们 70 岁时，30%~60%的人的性腺机能衰退，即他们已经失去了一些激素功能。男人失去激素平衡的时候称为男性更年期。

在记忆和认知上的功能

睾酮对男性和女性的认知功能都非常重要。事实上，男性记忆力的衰退可能与因年龄增长而导致的睾酮降低直接相关。男性体内睾酮水平低一直都与不同程度的记忆力衰退相关，包括阿尔茨海默氏症。研究表明，低睾酮水平可以影响许多不同类型的记忆，包括视觉和言语记忆以及空间和数学推理。一般情况下，男性的睾酮水平越低，产生某种形式的记忆力衰退的风险就越大。科学家们认为，这是因为睾酮的损耗会导致更多的脑细胞（神经元）死亡、抗体水平升高、与阿尔茨海默氏症和其他形式的痴呆相关的β-淀粉样蛋白增加。反之，睾酮水平较高则与记忆力和认知功能特定方面更好的表现相关，包括空间认知、语言流畅和工作记忆。

经证实，睾酮替代疗法能改善男性的语言和空间记忆力，甚至有助于扭转一些认知功能障碍。研究表明睾丸激素治疗也可以防止β-淀粉样蛋白的产生，从而预防阿尔茨海默氏症（参见第七章）。此外，睾酮替代疗法还可以减少男性患心血管疾病的风险，心血管疾病是认知功能衰退的一个独立风险因素（参见第二章）。

经证实，睾酮替代疗法也有助于改善女性的认知能力。近日，一个小的初步研究表明，睾酮疗法能保护老龄化健康女性的记忆力。另一项研究表明，睾酮疗法还能改善绝经后女性的语言学习能力和记忆力。

睾酮不足的症状（男性）

- 乏力、疲倦或体力不足
- 抑郁症、情绪低落或有负面情绪
- 烦躁、愤怒或脾气暴躁
- 焦虑或紧张
- 注意力不集中
- 性冲动或性欲降低
- 勃起障碍或其他性爱过程中的问题
- 性高潮的强度降低
- 腰酸、关节痛或僵硬
- 健康水平下降

- 感到压力过大
- 工作绩效降低
- 体能下降
- 骨质疏松（骨质流失）
- 胆固醇升高

睾酮不足的症状（女性）

- 焦虑
- 肌肉张力下降
- 高密度脂蛋白（好的胆固醇）降低
- 性冲动减少
- 眼睑下垂
- 皮肤和头发干、薄
- 疲劳
- 过度敏感、情绪亢奋
- 做梦减少
- 阴毛减少
- 自卑
- 轻度抑郁症
- 肌肉萎缩（尽管摄入足够的热量和蛋白质）
- 脸颊下垂
- 体重增加

脱氢表雄酮（DHEA）

DHEA 是由肾上腺产生的一种神经甾激素。DHEA 是男性和女性性激素的前体，这意味着它可以转化为雌激素和睾酮。DHEA 的主要功能是平衡应激激素皮质醇，但它似乎在减肥和保持心血管健康上也发挥着作用。

DHEA 的产生随着年龄的增长自然地下降。无论是男性还是女性，DHEA 水平都是从人们近 30 岁时开始下降的，70 岁时人体产生的 DHEA 只占顶峰时期的 1/4。因此，你的身体是不太可能会不断产生过多的 DHEA 的。如果你的 DHEA 水平偏高，可能是由于激素替代疗法调节不当导致的。

在记忆和认知中的功能

DHEA 水平低通常是由压力和衰老过程引起的，并且可导致认知功能衰退。在一项研究中，研究人员发现，阿尔茨海默氏症患者的 DHEA 水平比同年龄的人低 48%。医学研究对脱氢表雄酮替代疗法是否对记忆力有很大影响这一点存在分歧，但一些证据表明，这种可能性是存在的。在最近的一项双盲、安慰剂对照的交叉研究中，绝经后女性使用 DHEA 疗法后，在多种视觉和空间任务中取得了更好的表现，包括心理旋转、主题顺序指示、零散图片识别、感性识别以及判断相同与不同。

DHEA 不足的症状

- 体力下降
- 肌肉强度下降
- 处理压力有困难
- 增加被感染的风险
- 易怒
- 关节酸痛
- 体重增加

皮质醇

皮质醇是肾上腺产生的主要类固醇激素。众所周知，皮质醇是主要的应激激素。应激激素在保护我们免受感知到的威胁时发挥着不可或缺的作用。当你发现自己处于一种大脑认为危险的情况下时，例如，一个持枪男人走近你，你的身体就会释放出皮质醇这样的应激激素，来帮助你应对这种情况。皮质醇执行多个不同的任务：第一，它抑制不能帮助你应对危险情况的任何身体功能，包括消化、生殖能力、免疫功能和生长过程。第二，它可以通过增加血液中可用的糖（葡萄糖），以及增强大脑和肌肉使用糖的能力，暂时性地提高你的能量水平。这样一来，你的身体就能更好地抗击或逃避威胁——科学家将这一选择称为“战斗或逃跑反应”。一旦威胁消除，皮质醇就会消失，你的身体就会回到你遇到危险情况前的状态。

“战斗或逃跑反应”是我们身体进化设计中内置的一部分，不仅在感知到紧急或短期危险时会被触发，也会在我们认为有压力的任何情况下被触发——不管是被持枪抢劫者追赶，还是试图还清大额信用卡账单。当偶尔发生这些紧急情况的时候，你的应激反应实际上很有建设性，能让你成功应对危险情况。但是，正如你将看到的，在长期充满压力的情况下，你的皮质醇水平会持续升高，这会损害你的健康。

在记忆和认知上的功能

当皮质醇产生的量正常时，对维护记忆和大脑功能非常有用。皮质醇尤其有助于调节前额叶皮层，即大脑中负责工作记忆、个性表达以及关键的分析和决策能力的区域。

不同的因素可以提高你的皮质醇水平。皮质醇是人体内唯一随着年龄增长而提高的激素。就像上面讨论过的，压力也可以增加皮质醇的产生。当你处于慢性或长期压力下时，你的身体试图管理压力，批量地生产出越来越多的皮质醇。皮质醇水平高，会对记忆力产生一些负面影响。研究表明，过量的皮质醇会破坏现有的神经细胞，甚至改变大脑的电路。它也可以通过刺激自由基的产生而间接地导致脑细胞的损坏，而自由基会进一步损害身体。大脑的记忆中枢海马是特别容易受压力损害的，海马中的细胞暴露于过量的皮质醇中就会死亡。因压力而受损的海马会导致记忆力衰退，因为患有严重抑郁症的患者的海马通常呈萎缩状并更小一些。抑郁症还是引发认知功能衰退的一个独立风险因素。所以，皮质醇水平高与认知功能降低，患阿尔茨海默氏症、其他形式的痴呆，以及记忆力衰退的风险升高相关。

防止或减少皮质醇水平的提高，有一个简单的解决方案——限制或消除你生活中的压力！通过限制压力，你可以维持皮质醇的正常水平，从而避免出现这一主要的、导致记忆力衰退的诱因。第十一章讨论可用于防范与压力相关的皮质醇水平过高的许多方法。

慢性压力和肾上腺疲劳

慢性压力是现代社会的一个普遍问题，其破坏性影响扩展到个人健康的许多方面。如果不妥善处理，慢性压力不仅会导致精神和情绪的功能障碍，还会导致睡眠障碍和心血管疾病，甚至增加体重。慢性压力的另外一个潜在后果是出现肾上腺疲劳或肾上腺皮质功能衰退。当慢性压力迫使你体内的皮质醇水平长时间、持续地升高，就会造成肾上腺疲劳。肾上腺为批量生产应激激素而筋疲力尽，直接放弃或“衰竭”。发生这种情况时，你的皮质醇和脱氢表雄酮水平显著下降，你感到疲倦和不适，你的思维能力和注意力可能会遇到障碍。由于这种低水平的皮质醇实际上是慢性压力的结果（长期的高皮质醇水平），所以正如这里和第十一章论述的一样，治疗肾上腺疲劳涉及压力管理。

过量皮质醇的症状

- 暴饮暴食
- 局促不安
- 抑郁
- 疲劳
- 甲状腺功能减退症（甲状腺功能低）
- 血压升高

- 血糖或胰岛素升高
- 胆固醇升高
- 瘀伤易感性增加
- 易受感染
- 甘油三酯增加
- 易怒
- 精神不振
- 记忆力衰退
- 盗汗
- 骨质疏松（轻度骨质流失）
- 两餐之间心发慌
- 睡眠障碍
- 急需摄入糖分
- 皮肤变薄
- 肌肉减弱
- 免疫力系统变弱
- 体重增加

胰岛素

胰岛素是由胰腺产生的激素，其主要功能是调节血液中血糖（葡萄糖）的水平，它也被认为能修复受损的身体和刺激肌肉生长。

在记忆和认知上的功能

胰岛素在大脑中起着几种重要的作用，所有这些功能都可以对记忆力衰退产生直接影响。整个大脑中到处都有胰岛素受体，包括那些与记忆和认知有关的区域。它们的存在表明胰岛素可以影响这些区域的正常运作。与雌激素一样，胰岛素被认为有助于维护神经突触，以及调节已有脑细胞的生长、生存和适应性。它还为神经元提供正常工作所需要的能量，从而有助于提高大脑的新陈代谢。

对于维持正常的大脑功能，胰岛素是必不可少的。胰岛素水平异常会导致记忆力衰退和认知功能衰退。胰岛素水平会随着人们的衰老自然地下降，也会因为胰岛素抵抗而增加。发生胰岛素抵抗时，身体产生胰岛素却不能进行处理，这会导致血液中未使用的胰岛素水平变高。众多研究一致表明，胰岛素不足和胰岛素抵抗（身体产生胰岛素但不能正常使用胰岛素）都会损害认知功能，造成大脑神经细胞变性，尤其是当这些疾病涉及阿尔茨海默氏症的发展时。阿尔茨海默氏症早期患者的大脑和脊髓液中的胰岛素水平通常都较低，所以，胰岛素水平继续下降也是阿尔茨海默氏症恶化的症状之一。事实表明，糖尿病（患病特征为胰岛素抵抗）病人患上任何类型的痴呆的可能性比正常人高 100%～150%，患阿尔茨海默氏症的可能性高 50%～100%。研究还表明，即使未患糖尿病的人，血糖水平（胰岛素抵抗的症状）的升高和血糖控制的衰退与认知功能衰退也是相关的。

虽然科学家不能确定推动胰岛素抵抗与阿尔茨海默氏症之间关系的确切机制，但是他们怀疑它一定与胰岛素和β-淀粉样蛋白之间的关系相关。少量的β-淀粉样蛋白能增强记忆，但较高的β-淀粉样蛋白则可能导致阿尔茨海默氏症的发生。研究人员已经观察到，胰岛素和β-淀粉样蛋白使用的降解酶是相同的。在胰岛素水平升高的情况下（例如胰岛素抵抗），大量胰岛素降解酶（IDE）会去处理和消除胰岛素，所以只剩下少量的酶来分解β-淀粉样蛋白。这往往导致β-淀粉样蛋白的数量剧增，达到可能导致记忆力下降、氧化损伤、不溶性斑块形成的病理水平。换言之，高水平的胰岛素会抑制β-淀粉样蛋白的降解，从而可能导致出现阿尔茨海默氏症。

和所有的激素一样，为了防止产生认知功能障碍，胰岛素必须保持在最佳水平——既不过高，也不过低。胰岛素水平低也与记忆力衰退相关。有研究表明，对于胰岛素水平较低的阿尔茨海默氏症患者而言，短期和长期的胰岛素治疗都能有效改善其记忆力和认知功能。虽然判断胰岛素疗法能否为那些因糖尿病、高血糖或老龄化而产生记忆力衰退的人带来益处还需要做更多的研究，但早期的结果还是令人鼓舞的。

胰岛素不足的症状

- 骨质疏松
- 疲劳
- 抑郁
- 失眠

胰岛素过多/胰岛素抵抗的症状

- 粉刺
- 衰老进程加快
- 哮喘
- 乳腺癌
- 结肠癌
- 抑郁和情绪波动
- 雌激素水平过低
- 心脏疾病
- 胃灼热
- 高血压
- 胆固醇高
- 甘油三酯高
- 不孕不育
- 失眠
- 肠易激综合征
- 偏头痛
- 骨质疏松
- 体重增加

褪黑激素

褪黑激素主要由松果体产生。它的主要功能是调节人体生物周期节律，尤其是你24小时的醒睡周期。最近的研究表明，褪黑激素可能也参与身体的意识、记忆力和压力等机制的运转。动物研究表明，褪黑激素可以保护人类的脑细胞免受重金属钴和β-淀粉样蛋白的毒性伤害，这两种物质会引发阿尔茨海默氏症。此外，褪黑激素水平低与慢性睡眠障碍和失眠相关——正如第六章将讨论的一样，这两个问题会在很大程度上导致记忆力衰退。虽然对于阿尔茨海默氏症患者而言，其体内的褪黑激素通常表现出较低的水平，但还需要做更多的研究工作，才能确定褪黑激素替代疗法是否对阿尔茨海默氏症和其他形式的认知功能衰退有良好的治疗效果。

褪黑激素不足的症状

- 失眠
- 免疫系统受损

甲状腺激素

甲状腺产生两种重要的激素——三碘甲状腺原氨酸（T3）和甲状腺素（T4）——都主要参与调节人体的代谢与生长。身体产生的T4水平几乎是其产生的T3的20倍，但T3的活性被认为是T4活性的5倍多。因此，大部分的T4在肝脏和肾脏中被转换成T3。当你的身体通过饮食或补充剂摄入太多T4时，T4也可以被转换成反T3，这是一个非活性（存储）形式。

T3和T4的产生是由促甲状腺激素（TSH）来调节的，促甲状腺激素是由脑下垂体产生的。与大多数激素一样，T3、T4和TSH都随着年龄增长而下降，而异常水平的出现可能是多种原因的结果，包括自身免疫性疾病、甲状腺手术、药物和不正确的甲状腺激素替代疗法。

记忆和认知功能

科学家们发现，甲减（甲状腺功能低下）可以导致海马（大脑的记忆中枢）中的神经细胞受损、行为改变和认知缺陷。甲状腺激素可用于支持长时程增强（LTP），这是记忆形成的过程。动物研究表明，甲状腺激素水平低与 LTP 受损相关，因此与记忆力受损相关。此外，有证据表明，甲状腺激素会影响胆碱能系统的成熟，这有助于管理学习过程。另外，促甲状腺激素水平低（TSH）被认为是患血管性痴呆的风险因素。

虽然甲状腺替代疗法对记忆和认知的益处还需要进行更多的研究，但是激素替代疗法的初步研究表明，T4 替代疗法能够增强学习能力和记忆力。

甲状腺激素不足的一些症状

- 手脚冰冷
- 便秘
- 性欲降低
- 抑郁
- 疲劳
- 体液潴留
- 胆固醇高
- 胰岛素水平高
- 声音嘶哑、沙哑
- 低血糖
- 食欲增加
- 失眠
- 不耐寒
- 腿、腋下和手臂脱发（数量各异）

- 月经不正常
- 肌肉痉挛、疼痛或无力
- 血液循环不良
- 心率降低
- 皮肤粗糙、干燥
- 身体臃肿，尤其是腿、脚、手和腹部
- 体重增加

维生素 D

维生素 D 实际上根本不是维生素，而是激素原——可用于合成激素的父体或“前体”。有几种食物来源含有丰富的维生素 D，包括鱼和鱼肝油、红薯和乳制品，但它也可以在你的皮肤暴露在阳光下时由你的身体产生。维生素 D 的主要功能是帮助你的身体吸收钙以及让骨骼矿化（变硬）。维生素 D 受体存在于你的整个身体中，你的骨骼、肠道中，尤其是大脑中。

维生素 D 似乎在调节神经传输、刺激神经细胞的生成中发挥着作用。研究表明，维生素 D 可能因此有助于防止神经退行性疾病，包括阿尔茨海默氏症。虽然还需要做更多研究，但一些初步研究表明，维生素 D 水平低可能与认知功能障碍和空间记忆下降相关。其他的研究还表明，增加维生素 D 的摄入量有助于改善认知性能和技能。

维生素 D 不足的症状

- 疲劳
- 肌肉或骨骼疼痛

甲状旁腺激素

甲状旁腺激素（PTH）是由脖子上的四个甲状旁腺产生的。虽然甲状旁腺激素的主要功能是控制血钙水平，但甲状旁腺激素的生产过剩（甲状旁腺机能亢进）经常与痴呆相关。在甲状旁腺功能亢进患者当中，甲状旁腺治疗可以改善或阻止记忆力衰退。

甲状旁腺激素过多的症状

- 腹痛
- 骨关节疼痛
- 抑郁
- 排尿过多
- 疲劳或筋疲力尽
- 肾结石
- 恶心或呕吐
- 骨质疏松或骨头易碎

瘦素

瘦素是由人体的脂肪细胞生成的一种激素。它的主要功能是调节食欲，以及能量的摄入，但科学家越来越相信它也可以在学习、记忆和大脑的发育中发挥作用。虽然下丘脑——大脑中控制新陈代谢的区域的瘦素受体数量最多，但在新皮质和海马——大脑中负责巩固和维护长期记忆的两个区域中也有很多瘦素受体。这表明瘦素有助于这种记忆的形成过程——这个观点得到了相关研究的支持。该研究显示，与参照组相比，阿尔茨海默氏症患者经常表现出较低的瘦素水平。其他研究则表明反过来也是如此：瘦素水平较高的老年患者与瘦素水平较低的老年患者相比，更少地表现出认知功能衰退。但是，确定瘦素替代疗法对认知功能衰退是否是一个有利的治疗方法，还需要进行更多的研究。

瘦素不足的症状

因为对瘦素的研究相对较少，医学界尚未建立与瘦素不足相关的明确症状。

体重增加可能是最常见的已知症状。

激素失衡的诊断

在阅读了上面的内容后，如果你怀疑自己有激素失衡的可能，或有激素失衡的风险，现在就该采取行动。首先，向你的医生进行咨询。你很有可能会被建议去做激素测试，这可以让你的医生更好地了解你体内有哪些激素缺乏或过剩。只有确定了你的激素的具体水平，医生才能为你创建适合的激素替代疗法。

在开始使用激素替代疗法之前，应该先评估一下你体内的激素水平，三个月后再重新评价。然后，应定期或遵医嘱检查激素水平。

在本节中，我们将介绍最常用于检查激素水平和激素失衡的三种方法。

唾液检测

唾液检测，是医生最常推荐的激素检测方法。它可以测量唾液中“游离”激素的水平，即被认为是活跃的、可立即使用的每一种激素的确切数量，适用于检测所有三种雌激素、孕酮、雄激素、皮质醇和脱氢表雄酮。与血清（血液）检测相比，唾液检测反映的是整个身体的激素水平。唾液检测在网上订购起来十分容易，检测起来方便、无创。你可以在自己家里完成检测，再将样品发送回实验室，然后得到快速而准确的结果。

尿检

评估激素功能的另一个好方法是 24 小时尿检。与唾液检测一样，尿检提供了一个简单、无创的方式来评价一段时间内你体内游离激素的水平。尿检的程序很简单，你会被要求用一个专门提供的容器来收集 24 小时内的所有的尿。24 小时之后，你将尿液送至实验室进行分析。尿检的一个优点是，除了检测游离激素的水平，它还可以测量代谢产物的含量，或各种性激素分解后的产物。这使你的医生能够更好地了解你的激素是如何产生和被使用的——不仅包括你的内分泌系统，还包括周边的器官和腺体。

验血

与唾液和尿液检测不同，验血测量的是特定激素——包括游离的和“结合的”（存储或不可用的）激素在你血液中的水平的总和。但是，因为一些验血不区分游离和结合的形式，并且它们只在单个时间点检测这些水平，所以它们在测量皮质醇和性激素上的功效是有限的。验血经常用于检测甲状腺激素、孕烯醇酮和胰岛素。大多数验血只需要抽一次血，就可以让实验室执行所有的分析。

激素失衡的治疗方案

现在的科学技术已经发展到可以纠正激素失衡的程度。如果激素检测发现有的激素不足或过剩，你的医生会建议你考虑使用激素替代疗法。而通过优化你的激素水平，你将更能抵御记忆力和认知功能的衰退。

在美国，直到几十年前，激素疗法只有人工合成激素替代疗法。

人工合成激素替代疗法

人工合成激素是实验室生产的激素，模仿自然存在于人体内的激素对人体的影响。虽然影响可能是相似的，但是，人工合成的激素与由天然的或生物同质的激素有着截然不同的化学结构——所以被称为“人工合成”。

由于人工合成的激素并不等同于人体产生的那些激素，所以它们的益处是有限的。事实上，越来越多的证据表明，人工合成的激素实际上可能是有害的。2002 年，政府赞助的女性健康行动计划发表的一项研究指出，人工合成的激素会增加没有切除过子宫的女性患心脏疾病、骨质疏松症和某些类型的癌症的风险。后续的研究基本证实了女性健康行动计划的发现，并指出，所有接受人工合成激素替代疗法的女性当中，有一半在一年后就会因为令人不快的副作用而退出。幸运的是，还有一种方法可以取代人工合成激素替代疗法。

自然（生物同质）激素替代疗法

与人工合成的激素一样，许多天然激素实际上也是实验室生产的。这两种类型的激素之间的区别在于天然激素是生物同质的——也就是说，它们的化学结构与人体产生的激素的化学结构是完全一样的。因此，这些生物同质的激素更容易被大脑和其他器官接受，使它们成为大多数医生选择的激素。

但是，仅仅采用生物同质的激素代替人工合成的激素是不够的。同样的剂量并非适合于所有人。过去，医生们假设存在一个标准化的剂量，可以纠正任何激素分泌失调。这种方法可能弊大于利。相反地，要找医生帮你定制能够满足你准确需求的自然激素替代疗法，用调和的——单独为个人校准的来源于植物提取物的激素。你的激素反应和你的指纹一样是独一无二的。每个人对激素的要求是不同的，取决于多种因素，包括遗传信息、压力水平、健康状况、环境、营养补充剂和饮食。只有通过定制能够满足个体具体需求的激素治疗方案，人们才能取得治疗和防止记忆力衰退所需要的结果。

小结

读完本章，你会对激素对大脑正常运作的重要性以及激素失衡时身体会发生什么反应有了更好的理解。由于激素对维护和支持人们的认知功能是不可或缺的，体内含有过量或不足的这些重要的化学物质都会对你的精神敏锐度造成不良的影响。记忆力衰退往往是激素失衡的标志。幸运的是，现在有可能通过合理使用自然激素替代疗法来纠正这些激素不平衡，以及解决任何相关的记忆力衰退问题。和你的医生协商出一个可以为你的大脑带来很大益处的方案吧！

第五章

炎　症

你的记忆力衰退是炎症造成的吗?

调查问卷

本调查问卷旨在帮助你确定炎症是否正在影响你的记忆力和认知功能。请仔细阅读每一个问题，并在最能代表你答案的框中打钩。

	是	否	不确定
1. 你是否有胀气、腹胀或消化不良?	☐	☐	☐
2. 你是否有食物过敏或不耐受?	☐	☐	☐
3. 你是否有胃肠道疾病，例如炎性肠紊乱或肠漏症?	☐	☐	☐
4. 你是否常吃高糖食物和加工食品?	☐	☐	☐
5. 你是否超重 20 磅以上?	☐	☐	☐
6. 你是否容易被感染?	☐	☐	☐
7. 你是否定期使用抗酸剂?	☐	☐	☐
8. 你是否抽烟?	☐	☐	☐
9. 你是否采取口服雌激素补充剂?	☐	☐	☐
10. 你是否定期接触到重金属（铝、汞或铅）?	☐	☐	☐

如果你对这些问题中的任何一个的回答是“是”，那么你的记忆力衰退就有可能是由慢性炎症导致的。

慢性或长期的炎症在许多情况下是损害记忆力的罪魁祸首。炎症本质上是一种免疫反应，是你的身体保护自己免受危害——细菌感染、毒素损坏或物理创伤的方式。适当的话，炎症是一个让身体自愈的过程。但时间长了，炎症会损害你的脑细胞，使之难以正常工作，并导致记忆力和认知功能受损。

要了解这是如何发生的，让我们来仔细看看炎症的发生过程。炎症有两种：急性和慢性。急性或短期的炎症，是对直接的伤害或威胁的一种反应。例如，在你割到手指的几秒钟之内，你的身体会释放出某些化学物质，包括组胺、缓激肽、细胞因子和前列腺素。这些化学物质会调节或控制炎症反应，扩张血管，并将血细胞、蛋白质及其他有益于治愈的化合物团结到受影响的区域来修复损伤，尤其是将白细胞——人类身体的自然捍卫者集结起来攻击入侵者（细菌或毒素），并且中和或“吞噬”死去和受损的细胞，消除威胁。由于血流量增加，围绕切口的这个区域会肿胀并变红，而肿胀的组织会压迫你的神经，所以你会感到又热又痛。这种轻微的不适感是个好兆头，它意味着有害物质被隔离，伤口在恢复，新的、健康的组织在生成。

急性炎症是一种对身体有益的、紧密安排的事件。一旦它完成保护你的身体免受进一步伤害并启动修复过程后就会消失。相比之下，当急性炎症的反应不能治愈或解决伤害，或者持续对长期或渐进性的毒素伤害进行响应时，就会发生慢性（长期）炎症。有时，没有有害或入侵物质的侵袭，身体也会发生慢性炎症。当发生慢性炎症时，你的身体在试图保护自己免受其感知到的威胁的伤害——不管这样的威胁是否真的存在，结果导致自我攻击和破坏自身的组织，而受损和健康的组织都包括在内。

慢性炎症会对大脑产生严重的影响。本质上，身体任何部位的炎症都可以间接地引起大脑的炎症。这是因为，引起局部炎症（如在胃肠道中）的细胞因子和其他物质可通过血液流至中枢神经系统，在那里它们会刺激产生新的细胞因子流到大脑中去。在大脑里，它们引起新的炎症，损坏神经元，从而导致记忆力和认知功能衰退，甚至出现心理问题，例如抑郁症。

本章开始的调查问卷旨在帮助你确定是否有慢性炎症在影响你的记忆力和专

注力。如果你对其中任一问题的回答是“是”，你可能患有慢性炎症，并因此存在与炎症相关的认知损害。本章将介绍慢性炎症的症状、原因和风险因素，促进你更好地治疗或预防这种衰弱性疾病。反过来，通过减少或避免炎症，你将有可能减少或避免认知功能的衰退。

要了解如何识别慢性炎症，首先必须要能够识别与其相关的最常见的症状。

症状

因为慢性炎症往往影响内部器官，因此它一般缺乏表征急性炎症的明显症状（发红、肿胀）。此外，慢性炎症的症状可以是非特异性的，这意味着它们会出现在各种身体紊乱或疾病中，并且会根据受影响的身体区域而发生变化。

除了记忆力受损或认知功能衰退，还有很多其他症状是患有慢性炎症的标志。下面列出了一些一般的症状，随后根据炎症的类型和受影响的身体区域还列出了一些可能发生的症状的更具体的类别。

慢性炎症的一般症状

- 身体疼痛
- 慢性腹泻
- 鼻塞
- 气短
- 慢性消化不良
- 皮肤病发作
- 眼睛干涩
- 关节僵硬
- 体液潴留
- 关节肿胀
- 频繁地受感染

- 体重增加或肥胖

过敏或呼吸道症状

- 哮喘
- 支气管炎（反复的）
- 四肢烧灼感或刺痛感
- 对化学物品敏感
- 咳嗽
- 疲劳
- 花粉病
- 头痛
- 皮肤、眼睛或鼻子瘙痒
- 肌肉或关节疼痛或无力
- 鼻塞
- 恶心
- 气短
- 鼻窦炎（鼻窦感染）
- 咽喉痛
- 颤抖

认知和情绪症状

- 焦虑
- 局促不安
- 精神错乱
- 妄想
- 抑郁
- 定向障碍

- 过度活跃
- 注意力不集中
- 易怒
- 情绪波动
- 神经紧张
- 强迫性行为

胃肠道的症状

- 腹胀
- 急性腹痛
- 腹泻
- 消化不良
- 对食物敏感
- 气胀
- 胃灼热
- 胃酸逆流增加
- 乳糖不耐受
- 维生素不足
    - 脂溶性维生素（A，D，E 和 K）
    - “铁”
    - 维生素 B_9 和 B_{12}
    - 钙
- 体重降低
- 体重增加

病因和风险因素

炎症是目前医学研究人员关注的热门话题，它被认为是一系列严重健康问题里的一个潜在因素，包括类风湿关节炎、狼疮、心脏疾病、肥胖、Ⅱ型糖尿病甚至癌症。慢性炎症本身可以引起许多疾病和病症。下面列出了慢性炎症的几个主要原因和风险因素。虽然通常很难通过一些较为人熟知的原因来确定炎症的准确根源，尤其是科学家们仍然在拼尽全力地为理解这个问题而努力，但本章将帮助你为治疗或预防慢性炎症而做准备。

食物过敏和不耐受

食物不耐受可以是慢性炎症的主要来源，尤其是当它们很长时间没有被发现时。所有美国人当中有60%以上有某种食物反应，严重程度从对食品敏感（轻度症状）、不耐受（中度症状）到过敏（严重症状）。因为公众当中经常有人混淆过敏和不耐受之间的区别，因此有必要解释一下这两种反应。

食物过敏会导致你的免疫系统立即做出反应，有时候一点点食物也会引起非常严重的反应：你的嘴可能会发麻或肿胀，或者你可能会起荨麻疹、呕吐或觉得恶心。在极端情况下，你可能会产生过敏反应——血压急剧下降、无法正常呼吸，这种症状有时是致命的。

相反地，食物不耐受对生命造成威胁的可能性很小，它是随着时间逐渐发展的，通常是因为缺乏相应的消化酶。食物不耐受被认为是一种自身免疫性疾病。也就是说，在食物过敏的情况下，免疫系统攻击的是其通常会忽略的营养物质；而在食物不耐受的情况下，如果你吃了有问题的食物，你的免疫系统则会攻击你的身体。

对于那些备受麸质不耐受或其更严重的症状乳糜泻困扰的人，食用麸质（在小麦、黑麦和大麦中发现的一种蛋白质）会导致免疫系统破坏小肠和胃肠道（GI）。当你的免疫系统试图恢复受到伤害的部位时，这种破坏会引发一种炎症反应；除非迅速将麸质从饮食中去除，否则这种炎症会发展成慢性炎症。

虽然消化问题（包括腹泻、腹部绞痛、腹胀和消化不良）通常是这种胃肠道炎症的最初迹象，但认知功能衰退的情况也不少见。科学家们还不清楚是什么原因导致麸质不耐受和乳糜泻，并引发神经和精神问题，但有些人怀疑，这是因为胃肠道吸收养分的能力受到破坏而导致营养不良。脑细胞如果被剥夺了其正常工作所需要的营养物质，就会出现工作障碍和死亡，进而导致记忆力衰退和其他认知问题的产生。

胃肠道疾病

麸质不耐受和乳糜泻不是影响大脑的唯一胃肠道疾病。因为大脑依赖消化系统来吸收和处理它正常工作所需要的能量和营养素，所以损害胃肠道的其他任何情况也可能会危害认知功能。

胃肠道炎症的最常见病因是生态失调，即消化道细菌的失衡。你的肠道里有超过 1 000 种不同种类的细菌，当这些细菌在你的肠壁内保持适量时，它们会执行许多有用的任务，保护你的肠道，帮助你消化食物，并支持你的免疫功能。但是，当细菌由于营养不良、长期服用抗酸剂和其他药物、过量饮酒、消化酶或胃酸水平低、病毒或其他有害物而失衡时，你的胃肠道就变得易受损伤和感染。而一旦胃肠道被损坏，你的身体就会迅速地发生炎症反应以治愈伤害。

麻烦的是，生态失调往往很难解决，所以炎症会变成慢性或持久的炎症。生态失调可能引起其他三种削弱胃肠道的疾病：肠漏症、炎症性肠病（IBD）和溃疡性结肠炎。如果你出现以上任意一个病症，基本上可以确定你有慢性炎症，因为这三种疾病就是胃肠道炎症的显著特征。肠漏症尤其对认知功能有危害，因为炎症实际上使肠道的渗透性变得更强，使得毒素和其他有害物质流经血液，从而引发全身的炎症。也就是说，涉及胃肠道疾病的炎症不是局部的，它可以扩散到身体的各个区域，包括大脑——它可以对其造成严重的伤害。

重金属和其他毒素

正如在第三章我们讨论过的一样，重金属等毒素可以直接伤害人们思考和回忆信息的能力。它们还可以通过引起慢性炎症间接地影响认知功能，就像任何来自体外的物质都有可能掀起一场重大的免疫反应。尤为臭名昭著的入侵者包括重金属，例如铝、砷、铅和汞。由于这些金属带有剧毒，会对人们的心脏、肾脏、免疫系统、骨骼和神经造成伤害，人体会将它们视为入侵者，发起炎症反应来攻击它们，如果这些物质没有从体内迅速根除，炎症反应可能会发展成慢性炎症。

感染

当你感染了细菌、病毒、真菌或寄生虫时，你的身体引发炎症反应来击退入侵者。不幸的是，有时很难消除这些感染。在这种情况下，你的身体坚持努力摆脱敌人，就会形成慢性炎症。炎症引发感染的例子包括：

- 寄生虫感染。微小的寄生虫可以居住在肠壁，在那里它们培育和发展成为普遍的感染，引发炎症和破坏正常的消化过程。常见的寄生虫疾病包括贾第虫、阿米巴虫、环孢菌素或隐孢子虫等的感染。
- 酵母菌感染。人体内黏膜（口腔、咽喉、消化道和生殖器）中的微生物有几十亿个，其中就包括念珠菌属的酵母菌。通常情况下，这些酵母菌（实际上是真菌）的生长受体内多种因素的控制，但有些因素，包括酒精摄入、使用某些药物、接触化学物质和毒素、怀孕和慢性压力，会导致它们增加至异常水平。虽然它们通常与阴道感染相关，但酵母菌感染可发生于男性和女性体内的许多区域（嘴、尿道和胃）。此外，酵母菌感染并不总是局限于单个位置。它们可以通过血流传播，产生影响血液、食道、眼睛、心脏、肾脏、肝脏、皮肤和脾的全身感染。它们甚至可以居住在胃肠道，在那里它们可以引起肠漏症和消化系统疾病。无论它们到哪里，反应都是一样的：为遏制这种猖獗酵母菌的过度生长会引发炎症。
- 莱姆病。莱姆病是细菌伯氏疏螺旋体（B. burgdorferi）的感染，通常蜱和其他昆虫会携带和传播这种细菌。如果不进行治疗，细菌可以繁殖和通过血液流到原来感染区域之外的位置，可能会入侵和破坏肌腱、肌肉、心脏和大脑。为了应对这些伤害，身体会形成炎症，这些感染很难被消除，如果不及时治疗就会转化为慢性炎症。

氧化应激

氧化应激是由称为自由基的不稳定氧化合物引起的一种生理压力。通常情况下，体内的特殊的分子——抗氧化剂能遏制和中和自由基，使它们保持在适当的水平。少量的自由基甚至能执行一些有用的功能，有助于激素的合成、能量的生成以及信号在神经元中的传输。但是当体内自由基的数量增加时，由于衰老、压力、辐射和接触毒素（酒精、咖啡因、糖、烟、抽烟、重金属、农药以及其他环境污染物），这些分子就变得很危险，攻击和破坏整个身体中的恶细胞和组织。结果，引发炎症来治愈破坏。

除了相关炎症效应之外，氧化应激还倾向于干扰细胞间的信号传输，因此与许多重大疾病的形成有关。氧化应激尤其和许多神经退行性疾病相关，包括帕金森氏病、阿尔茨海默氏症、卢伽雷病（Lou Gehrig's disease，ALS）和亨廷顿氏病。

体重增加或肥胖

这听起来可能会很奇怪，超重或肥胖可以导致慢性炎症。与普遍的观点相反，脂肪组织（脂肪细胞）不只是待在那里，让你看起来胖乎乎的。实际上它们执行多项任务：除了其他的一些任务之外，脂肪组织会释放细胞因子，细胞因子是一种特殊的物质，可以引发炎症。被释放的细胞因子越多，炎症就越强烈（和持久）。

这种炎症可以阻止你的大脑响应那些调节新陈代谢和体重的激素，包括瘦素、胰岛素和皮质醇（参见第四章）。因此，你的体重会增加并形成更多的脂肪组织，进一步增加细胞因子的产生。其结果则是难以克服的体重增加和炎症的恶性循环。

慢性炎症的其他原因和风险因素

正如你所看到的，炎症有很多原因和风险因素，而新的原因和风险因素还在持续增多。除了上面所讨论的这些问题，还有许多其他因素可能在炎症的引发或形成中发挥作用，包括：

- 脂肪酸不平衡。Omega-3 脂肪酸（常见于鱼油中）不足或 Omega-6 脂肪酸（常见于棕榈油、大豆油和菜籽油中）过多都会加重炎症。

- 口服雌激素治疗。口服雌激素治疗可加重炎症和血液凝固；因为这个原因，雌激素应始终采用透皮给药（通过皮肤）的方法。
- 身体创伤（割伤、擦伤和骨折等）。对创伤的急性炎症反应可以形成慢性炎症。
- 吸烟。香烟和其他烟草产品可能会损害你的肺等器官，导致炎症。
- 糖的摄入量。摄入大量精制糖可以触发细胞因子的释放，增加炎症的标志物 C-反应蛋白（CRP）和白介素-6（IL-6）的水平。
- 手术治疗。任何伤害或破坏你细胞和组织的手术——不管是一个简单的拔牙，还是心脏直视手术都将引发炎症反应，因为你的身体在试图治愈伤口。

一定要注意的一点是，炎症的不同病因有时可能是互相关联的。例如，接触重金属既能作为其自身炎症的根源，又是氧化应激的始作俑者；糖和其他有害物质的摄入既会刺激炎症，又会导致体重增加，而体重增加又是引发炎症的原因之一。显然，炎症是一个复杂的过程，其全部意义有待时间来揭示。

诊断

正如我们前面所讨论的，慢性炎症本身很少会有明显的症状。如果你怀疑自己有慢性炎症，请咨询医生。因为炎症的原因有很多种，医生可能会建议你进行一连串的检查，以检测你体内是否存在相应的标志物，最终诊断问题的根源。

首先，医生会通过四种常规检查来确定你是否患有炎症。

- C-反应蛋白（CRP）的检查。验血这种简单、常用的检查能测量体内 C-反应蛋白的水平，这是整个身体发生炎症的主要标志。这种物质含量高表明炎症加重，但是 C-反应蛋白水平低并不能排除炎症的存在。该检查除了用于诊断炎症是否存在，还常用于评估冠状动脉疾病的患病风险，现在医生普遍认为冠状动脉疾病是由炎症反应过程引起的。

- 红细胞沉降率（ESR）。该检查用于测量红细胞（红色血细胞）沉淀或下降到试管底部的速率。速率较高表明炎症存在，因为与炎症相关的某些蛋白质会导致红细胞粘在一起，沉淀得更快。
- 空腹血胰岛素检查。胰岛素是一种促使体内葡萄糖（糖）转化为能量的激素。空腹胰岛素检查通过测量体内胰岛素的水平来诊断糖尿病和心脏疾病。胰岛素是炎症的标志之一，较高的胰岛素水平表明系统性炎症的存在。
- 炎症细胞因子情况检查。炎症细胞因子情况检查是一项最全面的检查。该检查测量体内细胞因子的水平，细胞因子是调节炎症过程的蛋白质分子。测量的细胞因子包括白细胞介素、干扰素和肿瘤坏死因子。任何一个上述因子的水平较高，都可以表明系统性炎症的存在。

如果任何上述检查中一项表明炎症存在，你的医生就可能要求更专业的检查，以确定问题的根源。下面的检查可用于确认炎症的具体原因。

食物过敏或不耐受的检查

目前，没有科学检查能够确认患者是否存在食物不耐受的问题。确定你对某种物质是否过敏或不耐受的最好办法，是将这种物质从你的饮食习惯中去除，然后看看炎症症状是否消失。

虽然没有标准的检查可以确定食物过敏，但是有很多种方法还是可以用的，最常见的是皮肤点刺试验。这种方法将皮肤的小块区域划破，然后暴露于各种过敏原。接下来观察这块区域是否肿胀或出现其他反应。但是，阳性的反应并不一定是过敏的充分证据。要想确认，还应该使用其他方法。你的医生可能还会订一个免疫球蛋白 E（IgE）或免疫球蛋白 G（IgG）的检查，以评估对过敏原产生明确反应的抗体的存在。但不幸的是，这两种检查都不能作为判定过敏的唯一指标。

与食物不耐受一样，检查食物过敏最好的方法可能是排除法。只有彻底将这种物质从你的饮食中去除，你才能确定它是否是你的身体存在炎症和其他健康危机的根源。有时候，这些引发过敏的食物在足够长的时间之后可以重新回到你的饮食中。

胃肠道疾病的检查

因为科学家还不清楚以生态失调和炎症为特征的胃肠道疾病的确切原因，例如炎性肠疾病、溃疡性结肠炎或肠漏症，所以也很难准确地诊断它们。通常，诊断只能用来排除其他（非炎症）胃肠道疾病的存在，例如缺血性结肠炎、肠易激综合征、溃疡性结肠炎或结肠癌。

可用于帮助确认肠炎或溃疡性结肠炎诊断的检查包括：

- 验血。验血主要用于确定是否存在贫血或感染，也可以用于检测与特定类型的胃肠炎症相关的某些抗体。
- 结肠镜检查。该检查将一个带有微型摄像机的小口径软管伸入结肠（大肠），这样医生便可以看到可能存在的息肉、损害或炎症，医生还可以将采集到的组织样品用于实验室分析。
- 计算机断层（CT）扫描。利用 X 射线，CT 扫描可以提供腹部的完整画面，指示出炎症的存在和强度。
- 乙状结肠镜软管检查。在这种检查中，医生会用一个小口径软管来检查乙状结肠，这是结肠最接近直肠和肛门的部分。因为该检查不能对整个结肠进行检查，所以它只用于在炎症十分严重的情况下，对病人进行安全而舒适的结肠镜检查。
- 粪便。分析大便样品存在的白细胞，可以诊断出炎症或表明生态失调的细菌失衡问题。专门的检查也可以诊断出消化的问题，例如缺乏消化酶。大便样品还可用于排除作为潜在症状病因的寄生虫或酵母。

重金属和其他毒素的检查

由于重金属中毒和其他形式的毒性堆积的症状有非特异性（即类似于其他疾

病和问题的症状)，因此诊断出你有这些问题并采取相应的措施是很难的。适当的时候，验血和验尿可以评估你体内这些有毒物质的水平。欲了解更多信息，请参见第三章。

感染的检查

通常，如果验血结果显示白细胞水平高就可以诊断为感染，因为白细胞是人体对细菌和其他传染性物质的第一道防线。要想确定感染的具体根源，则要根据怀疑的感染源采用不同的检查。

寄生虫感染通常可以通过大便样品诊断出来，分析大便中不同的微生物的存在。酵母菌感染有时通过肉眼就可以看出来，但要确诊念珠菌的过度生长，可以通过大便分析或称为念珠菌免疫复合物测定的血液检查，后者专门检测对抗酵母菌的某些抗体是否存在。莱姆病通常用酶联免疫吸附测定（ELISA）来诊断，这种检查用于确定是否存在对抗包氏螺旋体的抗体。还有一种新的检查，称为 iSpot Lyme 检查（参见参考资料）。

氧化应激的检查

由于研究人员对氧化应激这个话题仍有争议，所以还没有明确的临床检查来测量它。通常情况下，实验室将测量体内抗氧化剂的水平，水平低表明这些重要物质的供应在尝试打击更多自由基时已经消耗殆尽。自由基是氧化应激产生的原因。该检查测量的抗氧化剂包括谷胱甘肽（GSH）、谷胱甘肽过氧化物酶（GPx）和超氧化物歧化酶（SOD）。

肥胖的检查

评估你是否超重或肥胖的最好方法是确定你的身体质量指数（BMI）。BMI 是一种基于身高和体重的对身体脂肪进行的度量。计算你的 BMI，将你的体重（以磅为单位）除以你身高的平方（以英寸为单位），然后乘以 703。

$$\frac{\text{你的体重}}{\text{你的身高乘以你的身高}}\times 703=\text{你的身体质量指数}$$

如果得到的数字在18.5和25之间，那你的体重是正常的。25与30之间的BMI值被认为是超重，而高于30则被列为肥胖。

治疗

幸运的是，炎症是可以预防、减轻甚至消除的，最重要的是消除炎症所有的或尽可能多的外部病因。如果你有感染、重金属中毒或胃肠道疾病，咨询你的医生，制订一个有助于消除这些问题的计划。

更普遍的做法是与那些毒素隔离开！减少自己接触重金属和氟的机会，如果有可能的话，尽量戒烟，避免辐射和手术。

恢复消化系统的健康

接下来，消除饮食中任何食物可能会包含的毒素。如果你怀疑自己存在食物过敏、不耐受，或者有因生态失调引起的消化系统问题，应立即采取行动恢复你的胃肠道健康。遵循功能医学研究所（Functional Medicine Institute）的杰弗里·布兰德（Jeffrey Bland）博士提出的“4个R计划”：

- 去除过敏、不耐受或不平衡的任何根源。为安全起见，你可能要将所有常见的可能产生过敏的食物从你的饮食中去掉，特别是麸质和奶制品。完全放弃可能刺激或破坏你肠道内壁的物质，包括酒精、咖啡因和非类固醇抗炎药（阿司匹林、布洛芬和萘普生等）。
- 替代因衰老、过度使用抗酸剂和重金属摄入而消耗殆尽的胃酸和消化酶。胃酸和消化酶水平低可能会导致生态失调，阻止正常地处理和吸收食物。苦味物质，例如蒲公英嫩叶、莴苣、苦苣，或生姜、豆蔻和茴香籽的提取物，可以补充胃酸和消化酶。
- 补充肠道的细菌菌落。正如前面所讨论的，胃细菌平衡对保障消化正常至关重要。通过服用益生菌——促进相关细菌达到正常水平的微生物，你可以很快恢复胃肠道的最佳健康状态。像乳杆菌和双歧杆菌这样的益生菌可以在大多数酸奶中找到，也可以单独通过补充剂来补充。你也可以服用益生元，这是作为益生菌食品的物质，帮助益生菌生长。益生元可以在菊芋、洋葱、芦笋、大蒜中发现。益生元的补充剂包括低聚果糖（FOS）、阿拉伯半乳聚糖，以及来自乳清、乳铁蛋白和乳过氧化物酶的活性免疫球蛋白。

- 通过给胃肠道提供有助于恢复的营养来修复胃肠道的损害。尤其是尝试将谷氨酰胺补充剂添加到你的饮食中。这个重要的氨基酸能够保护并刺激有益的肠道黏膜的增长，它也有助于在你的胃里建立良好的酸碱平衡。你也可以尝试槲皮素、维生素 A、维生素 C 和维生素 E，所有这些补充剂都可以作为抗氧化剂和抗炎剂。

饮食

一旦你的消化系统平衡得以恢复，你必须努力维护它。因为标准的美国饮食可能是大多数慢性炎症病例的主要诱因，所以想要控制炎症，改变饮食习惯是很有必要的。对于那些慢性炎症源于食物不耐受或胃肠道疾病的人而言，尤其如此。除了确定个人饮食中有问题的食物并将它们去除，现在许多医生都推荐患者培养地中海式饮食习惯以获得最佳的营养和健康。有研究表明，即使只维持一天的地中海饮食也能降低 CRP 水平——炎症的主要指标之一（见上文）。此外，地中海饮食还有助于心血管健康和减轻体重。关于地中海饮食的综述，请参见第十二章。

补充剂

除了改善你的饮食，你也可以用补充剂来补充你用于抵抗炎症的营养素的摄入。下表列出了常用于减少炎症和促进整体健康的各种补充剂。

补充剂	用量	注意事项
菠萝蛋白酶	每日两次，一次 250 mg	如果你对菠萝过敏，不要服用，这种酶是从菠萝中提取的
大蒜	每日两次，一次 400 mg	如果你在用血液稀释的药物，不要服用
姜根（生姜）	每日两次，一次 500 mg	如果你在用血液稀释的药物或非甾体抗炎药（NSAIDs），不要服用。如果你有过敏症或有心脏、神经系统或肾脏的问题，服用前请咨询医生
银杏	每日一次，一次 120 mg	如果你在用血液稀释的药物，不要服用
葡萄糖胺	每日三次，一次 500～1 000 mg*	如果你对贝类过敏，不要服用。如果你有糖尿病，请咨询医生，因为葡萄糖可以改变血糖水平
葡萄籽提取物和碧萝芷	每日两次，一次 50 mg	如果你有糖尿病或低血糖，服用降胆固醇药物，有出血或凝血的病史，或服用血液稀释的药物、NSAIDs、抗血小板药物、血压药物，或刺激或抑制免疫系统药物，请咨询医生
绿茶或绿茶提取物	每日 3 次，一次 1 杯；或每日 1～2 次，一次 250 mg（提取物）	如果你正在服用阿司匹林或其他血液稀释的药物，绿茶可能会增加出血的风险。如果喝茶会导致胃灼热或胃酸返流，可在就餐时饮用绿茶
二甲基砜（MSM）	每日三次，一次 1 000～3 000 mg	如果你有肾脏疾病、肝脏疾病或溃疡，请咨询医生。高剂量的二甲基砜会消耗你体内的复合维生素 B
水飞蓟	一天两次，一次 100～200 mg	可能会降低避孕药的药效
Omega-3 脂肪酸	每日一次，一次 2 000～10 000 mg*	如果你在服用血液稀释的药物，一次不要超过 4 000 mg，Omega-3 脂肪酸可能会提高药效
槲皮素	每日一次，一次 200～500 mg	如果补充剂会导致胃灼热或胃酸返流，就在吃饭时服用
白藜芦醇	每日一次，一次 200 mg	避免咖啡因等添加剂，服用含白藜芦醇 99%的产品
姜黄素	每日两次，一次 300 mg	可能会导致胃部不适或胃灼热，还可能增加患肾结石的风险

* 要选择合适的剂量，参见第十三章剂量范围的相关信息。

运动

运动是一种安全又廉价的消炎药。当你运动时，你的身体会释放出特殊的物质控制炎症、帮助修复组织和再生组织。一些专家认为，缺乏运动是炎性疾病，例如哮喘、心脏疾病、糖尿病和癌症的患病率增高的原因。但是，运动不要过度，这也是很重要的，过度运动实际上会损害你的身体，引发炎症反应，关键是要坚持适度锻炼。通过保持体能的健康水平，可以减少慢性炎症的风险。此外，你将在第八章看到，运动本身也是有利于认知功能和记忆力的。

小结

慢性炎症在美国是一个重大问题，是许多严重疾病和病症的根源。正如你所看到的，也有多方面的原因或风险因素造成这种衰弱状态。虽然推动炎性过程的确切机制还有很多是我们不知道的，但慢性炎症对记忆力和认知功能的影响绝对是危险的。幸运的是，很多方法可以减少甚至防止你的身体出现慢性炎症，从而防止你的大脑发生慢性炎症！通过限制或避免接触有毒物质，以及正确的饮食和运动，你可以控制发炎的风险，并确保你的大脑永远不会因为它而受到伤害。

第六章

失 眠

你的记忆力衰退是失眠造成的吗？

调查问卷

本调查问卷旨在帮助你确定失眠是否正在影响你的记忆力和认知功能。请仔细阅读每一个问题，并在最能代表你答案的框中打钩。

	是	否	不确定
1. 你每天晚上的睡眠时间经常少于七个小时？	□	□	□
2. 你是否经常需要半个小时以上才能入睡？	□	□	□
3. 你是否每周有三晚以上入睡困难？	□	□	□
4. 你的睡眠问题是否持续了一个月或更长的时间？	□	□	□
5. 你夜里是否醒来好几次？	□	□	□
5a. 如果是，你醒来以后是否需要很长时间才能再入睡？	□	□	□
6. 你是否经常早上醒得比你希望的更早？	□	□	□
7. 当你醒来时，你还觉得累吗？	□	□	□
8. 你一天保持清醒有困难吗？	□	□	□
9. 你的疲劳是否开始干扰你的工作、家庭或社会生活？	□	□	□
10. 你的压力很大吗？	□	□	□

如果你对这些问题的回答多数为“是”，那么你的记忆力衰退就有可能是由慢性失眠导致的。

任何熬过通宵的人都可以证明，缺乏睡眠会导致记忆力和注意力的明显减退。但当你很长时间都睡得很少或很轻，你的认知功能会发生什么？据估计，在当今的美国，有超过四分之一的人口存在某种形式的失眠，即入睡或保持睡眠困难，其中有近10%的美国人患有慢性（长期）失眠，这个数字令人担忧。缺少睡眠一般会对你的整个身体产生负面的影响，睡眠不足或质量差会严重损害你的注意力和记忆力。

这是因为在正常情况下，睡眠有助于记忆巩固的过程，这是长期记忆形成和稳定下来的过程。白天，你积累新的信息和经历，这些信息和经历都在你的大脑中留下一个神经轨迹，即神经元之间的新通道。巩固使得新的数据和事件在你的大脑中固定下来，让你以后可以回忆它们。虽然当新的信息进入时回忆不断地在巩固，但有研究表明，这个过程在睡眠时是最活跃的、最集中的。当你睡觉时，你的大脑也决定哪些回忆保留、哪些丢弃。最近有研究表明，不同睡眠阶段与不同类型记忆的稳定相关。

此外，睡眠不仅可以帮助你巩固回忆，还提前为这些记忆的形成做好准备，使你白天能够更好地获取新知识。研究表明，如果你没有睡觉，你的学习能力的下降将高达40%。

因为睡眠和记忆都是极其复杂的过程，科学家们仍在努力解析它们如何相互作用。一般来说睡觉提供机会让你的身体修复自身。因此，许多人认为，睡眠促进脑细胞之间新通道的建造，使你的大脑可以形成新的连接和关联。另外，最近的研究也显示出相反的结果：当你睡觉时，你的神经元之间的连接有些会被减弱或销毁，让你的大脑只留下最强大的或重要的记忆，从而节省能量。

此外，正如第四章所讨论的，睡眠促进许多帮助保持记忆力的激素的产生。生长激素也是在睡眠期间产生的激素，这种激素通过恢复和再生你身体的细胞——包括你的脑细胞让你保持年轻。睡眠还有助于减少自由基的水平，自由基分子与衰老有关，可能会损坏你的脑细胞和抑制认知功能。

不睡觉，你的身体就不太能够执行保护和恢复的过程，让你的大脑巩固记忆。研究一致表明，长期缺乏睡眠会加速大脑的衰老过程，并导致神经元受损，从而造成严重的记忆力下降。

因此，如果你或你的亲人记忆力或注意力受损，有可能是慢性失眠或其他睡眠障碍的结果。本章一开始的问卷调查，目的就是帮助你确定是否属于这种情况。如果你对上面的许多问题的回答都为“是”，那很有可能是睡眠不足在损害你的认知功能。本章将为你提供关于慢性失眠原因及症状的信息，并帮助你理解你可以做些什么来治疗它。通过预防或减轻慢性失眠，你也许能够预防记忆力衰退和认知功能衰退。让我们先来探讨失眠的主要类型及其原因。

失眠的类型

关于失眠的分类，医生通常看其持续时间的长短。失眠有两种主要形式：急性和慢性。急性失眠发生在一段相对短暂的时期。睡眠问题可以持续数天（这种情况称为短暂性失眠），或最多为 3 周（这种情况称为短期失眠）。急性失眠是暂时性的问题，是由旅游、环境因素、创伤事件或工作的家庭压力引起的。

与此相反，慢性或长期失眠则会持续一个月以上。慢性失眠有两种主要类型：继发性失眠和原发性失眠。继发性慢性失眠往往是由更深层的生理问题所导致的，包括某些疾病、药物的使用或睡眠障碍。因为这种类型的慢性失眠可被视作一个更大的医疗问题的症状，所以它被称为继发性失眠。原发性失眠不与潜在疾病相关，但往往是对有压力的情况或创伤的一个长期的心理反应。

很多急性失眠的病例，可以简单地通过消除或减轻直接引发睡眠不足的原因或改善不良睡眠习惯来解决。第十章概述了生活方式的改变，帮助你减轻压力，整体获得更好的睡眠。

由于慢性失眠是一个比较复杂的问题，对你的记忆力可能有着显著而持久的影响，因此在这里我们将详细讨论它的原因和治疗方案。

慢性失眠的症状

慢性失眠的症状与急性失眠的症状基本相同，只是有一个重要的区别，那就是慢性失眠的症状持续的时间要长得多。慢性失眠的症状可能包括：

- 疲劳
- 肠胃不适
- 全天的表现受损
- 情绪变化（易怒、抑郁、焦虑）
- 紧张性头痛
- 夜间入睡困难（30 分钟或者更长时间才能入睡）
- 夜里保持睡眠有困难（频繁醒来）
- 白天保持清醒有困难
- 早上太早醒来

慢性失眠的原因

- 关节炎
- 注意力缺陷多动症
- 躁郁症
- 慢性焦虑或抑郁
- 慢性疲劳综合征
- 慢性疼痛或纤维肌痛
- 昼夜节奏（24 小时内睡眠—觉醒周期）被破坏
- 停药
- 对失眠的恐惧
- 胃肠道疾病（包括胃灼热）

- 麸质不耐受
- 激素分泌失调
- 神经递质失衡
- 创伤后应激障碍
- 不宁腿综合征
- 睡眠呼吸暂停
- 甲状腺疾病

慢性失眠的另一个重要根源是服用某些药物，包括但不限于：

- 抗心律失常药物
- 抗惊厥药物
- 抗组胺药物
- 抑制食欲的药物
- 苯二氮䓬类药物
- β受体阻滞剂
- 支气管扩张药物
- 咖啡因
- 卡比多巴-左旋多巴（息宁）
- 利尿剂
- 减充血剂
- 大麻或其他毒品
- 单胺氧化酶抑制剂
- 口服避孕药
- 伪麻黄碱
- 选择性血清素再吸收抑制剂（SSRIs）
- 镇静剂
- 他汀类药物
- 类固醇

- 拟交感神经药
- 四氢唑啉
- 甲状腺药物
- 三环类抗抑郁药

风险因素

有些因素会提高你患上慢性失眠症的风险：

- 年龄。60 岁以上的人更容易失眠，因为激素水平的改变带来睡眠方式的改变。
- 频繁的长途旅行。经常变换时区的人会破坏其自然睡眠—觉醒周期。
- 性别。女性比男性更容易失眠。
- 精神状态。患有抑郁或情绪遭受创伤的人患失眠的风险更大。
- 夜班。夜晚工作的人会破坏其自然睡眠—觉醒的周期。
- 久坐的生活方式。不活动身体的人患失眠的风险更大。
- 压力水平。受慢性压力或紧张情绪干扰的人患失眠的风险更大。

慢性失眠的诊断

如果你怀疑自己患有慢性失眠，一般医生会首先给你一份类似本章开头的调查问卷。调查问卷旨在确定潜在的失眠根源，并评估其强度和持续时间。医生也可能建议你写睡眠日记，或记一两个星期的睡眠习惯记录：你几点睡觉、几点醒来、花了多长时间入睡、夜间醒来有多频繁等。为了确定你的失眠是否实际上是某种潜在疾病，例如甲状腺疾病或激素不平衡的症状，也可以用医学检查。

如果你失眠的根源不容易精确定位，或者通过治疗，你的失眠没有得到任何改善，你可能会被要求在睡眠障碍中心或实验室进行整夜睡眠研究。在那里，在你睡觉的时候你将做一个多导睡眠图（PSG），这种检查可以测量生命体征，包括大脑活动、眼球运动、心脏速率、血液压力和血氧水平。如果医生怀疑你的失眠是睡眠呼吸暂停（一种常见的疾病，睡眠时呼吸被中断）的结果，也可以用持续气道正压（CPAP）机来监测你的呼吸。

慢性失眠的治疗方案

任何治疗慢性失眠的方案应首先评估睡眠卫生，并且在必要时改变睡眠卫生。通过改变习惯，你可以提高睡眠质量和数量，也因此提高你的记忆力和专注力。例如，只在睡觉时用你的卧室，消除或减少压力，避免兴奋剂和镇静剂的使用，并定期运动。第十章提供了一个关于适当睡眠习惯的更广泛的指南。

但是，对于大多数慢性失眠患者而言，只改变睡眠习惯是不够的。幸运的是，慢性失眠患者现在可以选择多种治疗方案。

行为疗法

行为疗法旨在通过改变与睡眠相关的行为和习惯来解决失眠的根源问题。有证据表明，在治疗或预防失眠上，行为疗法可以和药物一样有效，如果不是更有效的话！这是因为，和药物不同，行为疗法解决的是失眠的根本原因，而不是症状。有几个不同形式的行为疗法可用于治疗失眠。

认知行为疗法

认知行为疗法（CBT）使用多种技术来识别和控制关于睡眠的消极想法和信念。对于很多人来说，对失眠的担忧或焦虑也是失眠产生的原因。有时，你担心自己将无法入睡，会真的导致你不能入睡。无论是在个人谈话还是在小组会议中，治疗师会帮助你隔离和分析阻止你入睡的错误或消极的想法。认知行为理论家推断，通过识别和拒绝这些想法，你将能够消除很多失眠的根源。为获得最佳效果，CBT 通常与其他行为技术结合使用，例如睡眠限制或刺激控制。

矛盾意向疗法

和认知行为疗法一样，矛盾意向疗法用于因焦虑不能入睡而失眠的患者。这种治疗声称，因担心睡眠而导致无法入睡的患者必须通过避免任何入睡意图来消除这种担心。相反地，你暗示自己要躺在床上并保持清醒。通过强迫自己经历你最害怕的事情——清醒地躺在床上，让这种经历不那么令你害怕，减少与入睡相关的任何“绩效焦虑”，从而防止失眠。

放松训练和生物反馈

放松训练教你采用想象的方法、特殊的呼吸技巧或通过逐步放松从脚到脸的不同肌肉群，快速地启动睡眠。有时，放松训练会与生物反馈配合使用，后者用于监测某些生命体征（血压、肌肉张力、大脑中的电活动）。通过审视自己生命体征的变化，你将学会识别你在试图放松时产生的生理性模式和趋势，这样你就能够更好地在家里的床上复制放松的过程。

睡眠限制疗法

睡眠限制的目的是通过重新调整你自身生理的睡眠动力来改善失眠情况。它将限制你在床上的时间，使其大致等于你通常睡觉的时间。因此，如果你平均一晚睡五个小时，那么你只能在床上待五个小时——不管你在此期间实际花费的睡眠时间为多少。前几个星期该疗法可能很艰难，因为你的睡眠时间可能比你往常的要少得多。然而，最终睡眠不足会令你足够疲倦，使你能更快入睡，最大程度地利用你实际上在床上的时间。当你优化你在床上的时间，你就会开始逐渐增加你的时间分配，产生更多和更好的睡眠。

刺激控制疗法

刺激控制疗法已被证明是通常用于治疗失眠的最有效的行为疗法之一。在刺激控制治疗中，患者学习将床和寝室（“提示”或刺激）只与睡眠和性生活关联起来。通过加强这种联系，患者发现这样更容易入睡，不管是最初还是半夜醒来后。用于加强刺激控制的一些策略包括：只有当已经困了才上床，如果 15 分钟内没有睡着就起来离开寝室，避免小睡，并保持相对严格的作息时间。

药物

有许多药物可用于治疗失眠。有的是处方药，有的可以在药店购买。虽然诱导睡眠的药物在短期内有效，特别是针对失眠是因压力而起的情况，但是在使用用于诱导睡眠的任何药物时必须要谨慎。这类药物常有副作用，包括思维障碍、梦游或睡眠饮食、情绪激动和平衡能力差，尤其是对 60 岁以上的人。此外，某些处方药可能上瘾，使得不使用这些药物时更难入睡。

由于上述风险，大多数医生建议其患者不要经常服用安眠药，或者保持较少的服用次数。如果你正在考虑用药物来治疗你的失眠，请咨询医生，以完全了解这样的治疗可能对你个人的医疗状况产生什么样的作用。

处方药

最近的一项研究显示，在过去的一年中，所有美国成年人中约有 13%的人使用处方药来缓解失眠的症状，每一天有近 2%的人使用药物。每年开出的辅助睡眠的处方近 1 亿单。这些药物是为启动和维持睡眠专门配制而成的，包括：

- 阿普唑仑（Xanax）
- 氯硝西泮（Klonopin）
- 右旋佐匹克隆（Lunesta）
- 氟西泮（Dalmane）
- 劳拉西泮（Ativan）
- 雷美替胺（Rozerem）
- 三唑仑（Halcion）
- 扎来普隆（Sonata）
- 唑吡坦（Ambien）

此外，抗抑郁药物往往是处方药，不仅对由抑郁引起的继发性失眠的治疗如此，对它们用于原发性失眠的镇静作用也是如此。常用于治疗失眠的抗抑郁药包括：

- 阿米替林（Elavil）
- 多虑平（Silenor）
- 米氮平（Remeron）
- 曲唑酮（Desyrel）
- 三甲丙咪嗪（Surmontil）

非处方药

大多数辅助睡眠的药都可以在药店购买。这些非处方药通常包括抗组胺剂，常用的有拉明（Benadryl）或多西拉敏（Unison）。有时抗组胺药与止痛药结合使用，例如 Tylenol PM。这些辅助睡眠的药物组合对那些因慢性疼痛、关节炎或纤维肌痛而失眠的人特别有效。

激素疗法

正如第四章所介绍的，激素在调节你的健康的各个方面发挥着重要的作用，对睡眠也不例外。不同的激素，包括脱氢表雄酮、皮质醇、甲状腺激素、性激素以及生长激素，能够促进男性和女性的良好睡眠。当这些激素失衡时，就像在更年期中，往往会导致慢性失眠。因此，在尝试治疗慢性失眠时，维持这些激素的适当平衡就非常重要。

到目前为止，最有影响力的激素，至少对睡眠来说，是褪黑激素。褪黑激素是帮助你控制生理节律的一种关键成分，而生理节律控制着你的睡眠和觉醒（有时被称为“睡眠—觉醒周期”）和其他任务的 24 小时周期。具体来说，褪黑激素告诉你的身体是时候去睡觉了，这种激素的水平在你晚上上床不久之前达到最高。有研究表明，补充褪黑激素有助于诱导和维持睡眠，让你在夜间不醒来。褪黑激素也可以用于治疗因跨时区而导致的失眠。如果遵医嘱，褪黑激素基本上可以重置你的生理节律。

为了了解补充褪黑激素是否有助于改善你的失眠，你可以咨询代谢或抗衰老专家，他们会要求你做个检查，以评估你的褪黑激素水平是否较低。如果是，医生可能会建议你在睡前半小时到一小时内服用低至 0.5 mg 的褪黑激素，尽管 1~3 mg 可能更有效。如果你并不需要褪黑激素，就不要用，因为太多的褪黑激素会降低你的血清素水平并引发抑郁症。此外，高剂量的褪黑激素实际上还会导致失眠。

神经递质疗法

你的睡眠—觉醒周期不仅受激素的调节，也受神经递质，尤其是血清素、多巴胺、去甲肾上腺素，以及记忆主要的神经递质乙酰胆碱的调节。在所有这些神经递质当中，血清素也许是对良好的睡眠最重要的，它既帮助启动睡眠模式（非快速眼球运动睡眠，即对记忆巩固最重要的那种睡眠），也促进觉醒。因此，保持这种神经递质处于较高的水平是非常重要的，可以通过摄入促进血清素，包括色氨酸及其衍生物 5-羟色氨酸（5-HTP）产生的补充剂来实现。临床研究表明，色氨酸对入睡困难的人有益，而 5-HTP 则更适合那些保持睡眠有困难的人。

或者，你可以摄入 L-茶氨酸，它来自绿茶。L-茶氨酸促进 5-羟色胺和多巴胺的产生，有利于减少烦躁的思绪，即减少导致一些人不容易睡着的精神烦躁。为取得最佳效果，应每天服用两次。

所有这三种氨基酸的补充剂都在失眠的药物治疗上有显著的优势，它们能够有效地治疗失眠，并且不改变正常的睡眠过程，它们不引起停药后的症状。关于剂量和说明，请参见下表。

补充剂

下面是有助于缓解失眠的补充剂的一个全面的列表。

补充剂	用量	注意事项
加州罂粟（加州花菱草属）	遵医嘱服用	不同品牌的提取物浓度有所不同，因为这个原因，最好遵从标签上写明的剂量指示
洋甘菊	当茶喝，每天 3~4 次	不要与其他镇静剂一起使用，包括酒精。不能与抗凝剂一起使用，血液不容易凝固的人不宜服用
5-羟色氨酸（5-hydroxytryptophan，5-HTP）	每日 50~300 mg	为增加功效，可与镁一起服用。可能会干扰抗抑郁药。不应该被用作药物来治疗帕金森氏病。如果你有糖尿病、高血压、心脏疾病或自身免疫性疾病，服用前请先咨询你的医生
啤酒花	遵医嘱服用	不同品牌的提取物浓度有所不同，因为这个原因，最好遵从标签上写明的剂量指示
薰衣草	遵医嘱服用	不同品牌的提取物浓度有所不同，因为这个原因，最好遵从标签上写明的剂量指示
柠檬香油	遵医嘱服用	如果你有青光眼，不要服用
L-茶氨酸	100~200 mg，早晚服用	不同品牌的提取物浓度有所不同，因为这个原因，最好遵从标签上写明的剂量指示
镁	每日 400~600 mg	可能会造成稀便
厚朴	遵医嘱服用	不同品牌的提取物浓度有所不同，因为这个原因，最好遵从标签上写明的剂量指示
褪黑激素	每日 0.5~3 mg	高剂量可引起头晕、头痛、失眠或抑郁症。可以增大降血压药物的功效，或提高一些糖尿病患者的血糖水平
西番莲	遵医嘱服用	高剂量可导致心律不齐（心律失常），可能会干扰单胺氧化酶（MAO）抑制剂
色氨酸	每日 2 000 mg	服用前应避免蛋白质的摄入。为取得最大功效，可与维生素 B_6、B_3 或镁一起服用。可能会干扰选择性血清素再摄取抑制剂（SSRIs）或单胺氧化酶抑制剂
缬草	遵医嘱服用	为取得最大功效，应与维生素 B_6、B_3 或镁一起服用。可引起头痛、头晕、烦躁不安、心悸或胃肠道干扰。怀孕或哺乳期的女性不能服用
维生素 B_1（硫胺素）	每日 10~100 mg	高剂量可能会耗尽体内的维生素 B_6（吡哆醇）和镁
维生素 B_3（烟酰胺）	每日 50~3 000 mg	与 L-色氨酸同时服用可以扩大镇静功效。可引发皮肤潮红、热的感觉，胃病或皮肤干燥。如果每日服用超过 100 mg，请咨询医生。高剂量可引起肝损伤、消化性溃疡或葡萄糖不耐受。患有肝脏疾病的人不宜服用，不能同时与其他 B 族维生素一起服用
维生素 B_{12}	每日 800~1 000 μg	可能会引起腹泻、血液凝块、瘙痒（钴胺素）或过敏反应。如果你有高血压或其他心脏疾病，服用前请咨询医生
酸枣仁提纯	遵医嘱服用	不同品牌的提取物浓度有所不同，因此，最好遵从标签上写明的剂量指示

其他疗法

失眠在当今社会很普遍，人们在不断开发新的治疗方案。微电流疗法、顺势疗法、磁疗、瑜伽和针刺都被证明有助于缓解失眠。第十一章中讨论的压力管理，也会对你的睡眠能力产生巨大的影响。另外，通过采用第十章中讨论的许多做法，你可以显著地改善你的睡眠。第八章讨论的运动也可以帮助你减少甚至预防睡眠障碍。

小结

因为睡眠在记忆巩固上起着如此重要的作用，长期睡眠不足或慢性失眠会严重削弱你的记忆力和专注力。看完这一章后，你已经知道如何识别失眠的风险因素、原因和症状，而且能够确定该条件是否在影响着你或你的亲人。通过了解记忆力衰退可能是由慢性失眠导致的，你将能更好地使用上述或第十章中详细的治疗方案来治疗问题的根源。

第七章

痴　呆

痴呆是一个总称，它包括最严重的记忆力衰退和认知功能衰退。一般来说，痴呆是大面积的神经元（脑细胞）死亡或产生故障的结果，但这种对大脑的损害的直接原因有很多种。痴呆不是衰老的自然结果，而是由外部条件或疾病过程所导致的，且较多地发生于老年人中。不同于第一章描述的其他类型的记忆力衰退，大多数形式的痴呆都是不可预防和不可逆的。换句话说，目前，人类既不能避免也不能治愈痴呆。

本章就痴呆最常见的形式和原因进行了探讨，使你可以认识到造成自己或他人痴呆的相关条件。这种意识对你的健康和幸福至关重要，因为在大多数情况下，痴呆的确切原因只能通过死后尸检才能得知。在建立了这方面的知识基础后，本章接着对记忆力衰退极端严重的患者可选择的治疗方案进行了概述。虽然大多数形式的痴呆都没有已知的治愈方案，但有很多方法可以减缓其发展，提高记忆力，延长你或你的亲人的寿命。

阿尔茨海默氏症

阿尔茨海默氏症是一种神经逐步退化的形式的痴呆，这意味着其特征是你的脑细胞逐渐退化和毁坏。久而久之，痴呆病人的整个大脑将收缩或萎缩，影响认知的各个方面，导致严重的记忆力衰退。虽然早发性阿尔茨海默氏症（定义为60岁之前开始的阿尔茨海默氏症）可能是遗传的结果，但是阿尔茨海默氏症主要是迟发性的，在60岁以后才显现。在初次诊断阿尔茨海默氏症之后的3~10年，患者可能死于阿尔茨海默氏症或因阿尔茨海默氏症引起的疾病，具体时间取决于病情进展的速度和患者的年龄。

阿尔茨海默氏症是最常见的痴呆，估计占全部痴呆病例的60%~80%。在美国，大约有520万美国人患有这种疾病；到2050年，这个数字可能会翻三倍，增加至近1 400万。这是所有年龄段人的第六大死亡原因，以及超过65岁人的第五大死亡原因。

阿尔茨海默氏症的治疗费用十分惊人，并且很可能会随着婴儿潮一代变老而提高。阿尔茨海默氏症和其他形式痴呆的患者每年到医院看病的频率是没有痴呆的患者的三倍。阿尔茨海默氏症患者还可能需要更频繁的家庭保健探访和专业的护理设备。此外，由于无法自理，阿尔茨海默氏症患者对长期非医疗支付的家庭护理的需求量是正常人的两倍。在长期护理、医疗保健和临终关怀的费用上，每年用在痴呆患者上的花费估计约为2 030亿美元，这个数字到2050年可能升至1.2万亿美元。

症状

由于痴呆是一个渐进性的疾病，大脑和海马的损害会发展几年的时间，可能在疾病发展很久之后才开始出现症状。通常情况下，病人到60岁以后才开始发现明显的症状。随着时间的推移，这些症状恶化而变得更加不利于个人的整体生活质量。情节记忆是最先受此影响的，其次是短期记忆、语义记忆和过程记忆(参见第一章)。随着病情的发展，几乎所有的大脑功能都会受到影响。最后，甚至连吞咽或排便控制这样的生理功能都会受损。

阿尔茨海默氏症的表现有各种方式。

- 对时间和地点感到混乱
- 空间关系的理解能力下降
- 妄想
- 学习困难
- 同时执行多重任务有困难
- 迷失方向
- 判断力受损
- 无法制订计划或战略

- 记忆力衰退，干扰日常生活
- 精神或情绪障碍（焦虑、抑郁、偏执）
- 性格改变
- 社交退缩
- 沟通有困难（很难找到合适的词语，不能读或写）

原因

尽管对这个领域有很多研究，但科学家们仍不能确定阿尔茨海默氏症的原因。目前，只有一个确认的患病原因——一组确定性基因突变。当患者继承这种突变时，几乎可以肯定的是他在 60 岁之前会患上阿尔茨海默氏症。这些基因的变体——淀粉样蛋白的前体蛋白（APP）早老素-1（PS-1）和早老素-2（PS-2）将影响你处理淀粉样蛋白这种蛋白质的能力，从而导致这种物质在大脑中形成较大的、具有破坏性的沉积物。然而，这些基因突变的病例是非常罕见的，被诊断因显性继承而患阿尔茨海默氏症的患者不到 5%。

那么，是什么原因导致普通人患阿尔茨海默氏症呢？是什么让病人的脑细胞以如此高的速度死亡呢？在寻求问题的根源时，研究人员最常关注的是阿尔茨海默氏症患者的大脑所特有的标志性的大脑异常和生化条件。虽然目前还不清楚这些异常或条件是否真的是神经元死亡的原因，或者本身只是一个更底层问题的结果，但已经有一些理论形成。

β-淀粉样蛋白斑理论

和痴呆相关的一个最突出的理论将病因归为这种疾病特有的 β-淀粉样蛋白斑（一种黏性的蛋白质斑块，可以阻断突触和防止大脑中神经元之间的电信号传播）的扩散。当神经元因此不能执行它们最重要的功能时，它们就会死亡，导致与阿尔茨海默氏症相关联的认知功能衰退和记忆力衰退。

大多数人都有一定面积的这种斑块，但多种因素似乎会促进这种斑块更大面积的生长和神经元的死亡，包括上面讨论的基因突变。尽管这种理论在过去的几十年中越来越流行，但最近的研究表明，斑块更可能是真正问题的副产品而不是根本原因。研究充其量只能说尚无定论，还需要更多的工作才能确定β-淀粉样蛋白在阿尔茨海默氏症的确切作用。

胆碱能理论

正如你在第一章中看到的，大脑中的神经递质——帮助你在神经元之间传导电信号的化学物质的水平会随着年龄的增长自然地下降。在阿尔茨海默氏症中，与记忆和认知表现相关的某些神经递质的水平已被证明是特别低的。胆碱能理论表明，阿尔茨海默氏症开始于乙酰胆碱——大脑主要的记忆神经递质的产生减少（见下框内容）。这个理论的问题在于，阿尔茨海默氏症患者在整个疾病过程中神经递质都保持在非常低的水平。因此，乙酰胆碱低不太可能是阿尔茨海默氏症的原因，它更可能是一个更大的潜在问题的表现。另外，乙酰胆碱不是唯一被耗尽的神经递质。阿尔茨海默氏症患者的血清素水平也异常低。即使乙酰胆碱不是阿尔茨海默氏症的直接原因，也还需要进行更多的研究来探索神经递质在认知衰退中扮演的复杂角色。

神经递质和认知功能衰退

激素不是影响大脑唯一的化学物质。越来越多的研究表明，神经递质失衡也可能会损害你的记忆力和头脑敏捷性。正如你记得的，神经递质是让脑细胞（神经元）相互通信的化学物质。神经递质以光速在你的神经元中的突触之间传播信息（编码为电信号），从而支持各种形式的认知功能。你的每一个想法和感觉，你执行的每一个动作和反应，都需要经过神经传递。

有四种神经递质与记忆的形成、存储和检索密切相关：乙酰胆碱、多巴胺、血清素和谷氨酸。乙酰胆碱是主要的记忆神经递质，对记忆力和觉醒至关重要。多巴胺与快乐和痛苦的处理密切相关，也与注意力、解决问题、工作记忆和长期记忆（参见第一章）有关。血清素最重要的功能是调节情绪、焦虑和食欲，但似乎对认知功能也有重要作用。最后一种神经递质谷氨酸，如果量多的话可能对脑细胞有毒，但适量的谷氨酸是学习和形成记忆不可或缺的。

除了在支持认知功能上的具体作用，神经递质还间接地塑造记忆，因为它们制约着影响认知功能的其他因素和过程，包括情绪、压力、排毒、能量供应和心血管健康。关键的是，神经递质在帮助人体分解同型半胱氨酸上发挥着重要作用，同型半胱氨酸不仅与患心脏疾病（心脏疾病本就是认知功能衰退的一个风险因素）的风险较高相关，还与患阿尔茨海默氏症的风险较高相关。

要注意的是，神经递质与激素形成复杂的网络，这两种物质相互作用和调节。在某些情况下，激素甚至可以充当神经递质，这表明身体的不同化学系统远远比以前认为的更为一体化。但还需要更多的研究来调查这些强大的化学物质共同作用来影响大脑和认知功能衰退的方式。

由于神经递质是思维和记忆必不可少的物质，它们的水平偏低或处于不平衡状态可能会导致记忆力和注意力的严重缺失。随着年龄的增长，你的神经递质水平自然会有一定程度的下降，但神经递质乙酰胆碱和血清素表现出异常低的水平则是阿尔茨海默氏症的一个标志。咨询代谢或抗衰老的专科医生，让他们帮助你测量你的神经递质水平。他们可能会建议你在饮食中吃某些食物或服用特殊的补充剂，以矫正你可能有的任何神经递质不足的身体状况。

□□□□□□□□□□□□□□□□□□□□□□□□□□

tau 理论

阿尔茨海默氏症的另一个特征是神经元纤维（tau）缠结的存在。在正常的神经元中，tau 蛋白链有助于维持细胞的完整性，并协助营养物质在细胞内的运输。在阿尔茨海默氏症患者的神经元中，这些链形成缠结，从而防止脑细胞正常工作和输送营养物质，并最终造成它们的死亡。目前，科学家们正在调查为什么这些 tau 蛋白会折叠不当，并认为该原因有可能是解开阿尔茨海默氏症之谜的关键。

炎症理论

最近，科学家们指出炎症是 β-淀粉样蛋白斑积聚的潜在疾病过程，因此导致阿尔茨海默氏症的形成。当炎症发生时（参见第五章），大脑会经历一些化学物质的变化，这些变化导致淀粉样蛋白的产量增加和形状改变。炎症也可能刺激大脑免疫细胞——胶质细胞（参见第一章）的活动过度并直接造成神经的毁坏或中毒。

氧化应激理论

研究一贯表明，阿尔茨海默氏症患者的大脑中存在过度氧化（自由基的产生）。虽然自由基是葡萄糖代谢必不可少的物质，可使大脑接收它正常工作所需要的能量，但太多的自由基——受伤、感染、发炎或重金属积累的结果可引起毒性和脑细胞的死亡。

金属代谢理论

多种研究表明，微量矿物质——包括汞、铜和铁的失衡可引起阿尔茨海默氏症。铜和铁是大脑中自由基的来源。因此，这些金属过多可提高氧化应激和炎症（见上文）。此外，体内铜的水平较高，可促进β-淀粉样蛋白斑的发展，或者可以阻碍它们的消除。与此同时，其他的研究表明铜可以防止阿尔茨海默氏症。与人的生物化学的许多方面一样，任何物质过多或过少都会破坏身体功能达到最佳效果所需要的微妙平衡。

因为有一种称为金属硫因的蛋白质可以调节铜和锌的水平，从而调节氧化应激和炎症，所以科学家们正在研究其是否可以作为阿尔茨海默氏症的治疗物质。

风险因素

虽然阿尔茨海默氏症的原因还不是很清楚，但科学家们已经知道比较多的与患这种病相关的因素。其中比较重要的风险因素包括：

- 年龄。年龄是阿尔茨海默氏症最大的一个风险因素。据阿尔茨海默氏症协会估计，65 岁之后，患痴呆的可能性每 5 年大约会翻一倍左右；到 85 岁，风险接近 50%。

- 家族史。那些父母或兄弟姐妹有阿尔茨海默氏症的人更容易患阿尔茨海默氏症。拥有越多的阿尔茨海默氏症患者的亲属，患病风险越大。
- 基因。除了上面提到的确定性基因突变，突变载脂蛋白 e4（APOE-e4）的存在表明患阿尔茨海默氏症的风险较高。
- 轻度认知障碍。参见第一章。
- 心血管疾病。参见第二章。
- 创伤性脑损伤（TBI）。
- 唐氏综合征。
- 糖尿病和胰岛素抵抗。参见第四章。
- 学历低。
- 社会参与和认知参与少。

其他可能的风险因素包括：

- 性别。女性比男性更容易患痴呆，但可能仅仅是因为她们往往活得更长。
- 滥用酒精和药物。
- 摄入重金属。
- 置身于溶剂及杀虫剂工业。
- 高龄产妇。
- 感染。
- 甲状腺疾病。

诊断

没有具体的检查可以确定一个人是否患有阿尔茨海默氏症。如果医生怀疑你有阿尔茨海默氏症，他会对你进行一次彻底的医学鉴定，以排除其他类型和原因的记忆力衰退。检查可能包括：

- 回顾病史。
- 身体和神经检查。检查反射、协调、平衡、肌肉、力量以及感觉处理方式。
- 神经心理检查。评估不同类别的认知功能，以及受不同形式的痴呆影响的不同的技能或能力。

- 精神状态检查。评估记忆力和一般的思维能力。
- 实验室检查。排除由甲状腺疾病或营养不足导致记忆力衰退的可能。
- 脑成像。用计算机断层（CT）扫描、磁共振成像（MRI）、正电子发射断层（PET）扫描或单光子发射计算机断层显像（SPECT）来定位或识别由中风、创伤或肿瘤造成的而非由阿尔茨海默氏症造成的脑部异常现象。

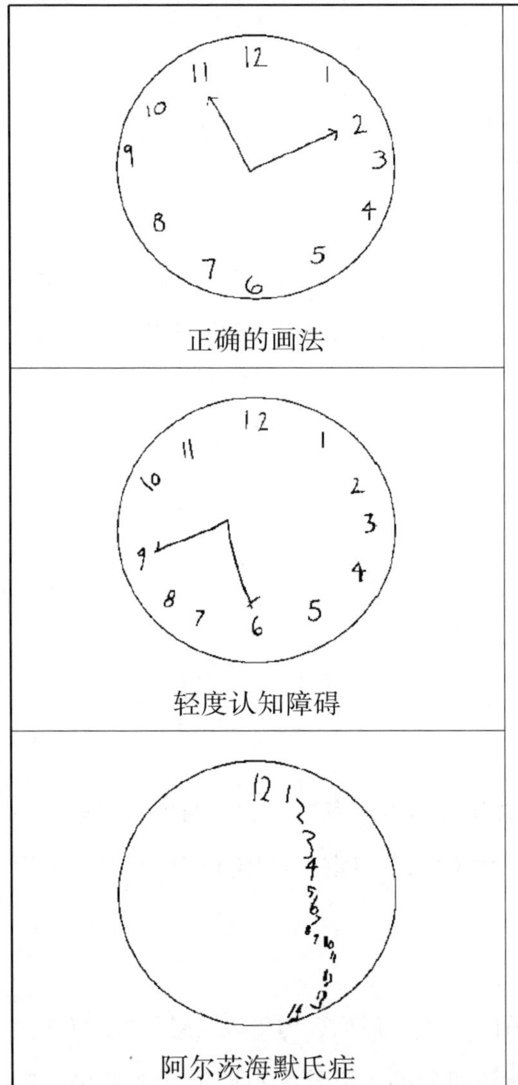

正确的画法

轻度认知障碍

阿尔茨海默氏症

画钟测试

医生用来筛查认知功能障碍和痴呆的一个最有用的诊断工具就是画钟测试。在这个测试中，病人被要求根据记忆画一个钟面（圆形、数字），或在一个事先画好的圆里画上代表钟面的数字。

即使在痴呆的早期阶段，患者在空间视觉组织上也存在困难，因此较难完成这个任务，可能画错数字的顺序，或画在错误的地方（或圈外）；数字之间可能没有充分间隔开，或根本就写得不对。

评分方法有所不同，但一般描绘准确的才能得分。

血管性痴呆（VAD）

血管性痴呆，有时也被称为多梗塞或中风后痴呆，是美国第二常见的痴呆形式，占全部痴呆病例的20%~30%。它被定义为因流向脑部的血流受阻而导致的思维能力和记忆力下降，经常是一次中风或连续中风的结果。为了正常工作，你的大脑需要大量的氧气和营养物质，它通过一个广泛的血管网络来接收这些物质。当这些血管被堵塞或破坏时——因为中风或其他形式的心血管疾病，脑细胞就被剥夺了它们所需要的物质，很快开始死亡，引发记忆力衰退和其他认知功能障碍。

与痴呆的其他主要形式不同，血管性痴呆至少是可以部分预防的。通过控制引发心脏疾病的风险因素，可以显著降低患上这种病的可能性。欲了解更多信息，请参见第二章。

症状

血管性痴呆的症状因大脑受血流减少影响的区域和损坏的严重程度的不同而不同，但最开始往往表现为某种混乱和判断力的受损。记忆力衰退现象很常见，但不一定会有。认知功能衰退可以在一次大的中风后突然出现，也可能因动脉粥样硬化（血管的狭窄或硬化）的破坏积累或一系列较小的中风而逐渐发展形成。

主要症状包括：

- 混乱
- 失明
- 迷失方向
- 沟通障碍

其他常见的症状包括：

- 情感淡漠

- 注意力缺陷
- 抑郁
- 判断力受损
- 运动功能受损
- 解决问题的能力受损
- 无法制订计划或战略
- 缺乏协调或平衡能力，步态不稳
- 记忆力衰退
- 夜游
- 躁动不安

原因

血管性痴呆通常是由一次中风或连续中风引起的。当流向大脑的血液被中断时，就会发生中风，或称为心肌梗死。中风有两种：缺血性中风是最常见的，指严重降低供应给大脑的血液量的中风。当大脑因斑块（脂肪沉积）变得非常狭窄或被血块阻塞时，就会发生这种中风。出血性中风较不常见，当大脑中的血管破裂（爆破）或泄漏到大脑的表面上或进入大脑本身，从而剥夺了脑细胞所需要的营养物和氧气时，就会发生这种中风。

引起大脑中血管逐渐恶化的心血管疾病也会引起血管性痴呆，例如高血压、动脉粥样硬化（动脉硬化或变窄）或某些心脏感染。

风险因素

与大多数形式的痴呆一样，年龄是血管性痴呆最大的一个风险因素。虽然血管性痴呆在 65 岁以下的患者中很少见，但它在更老的老年人中则更常见，也更可能发生。

血管性痴呆的其他风险因素往往反映了心脏疾病的风险因素，因为血管性痴呆在某些方面可以认为是心血管病症的副产品。这些风险因素包括：

- 动脉粥样硬化（动脉的硬化或狭窄）
- 房颤（心律不齐的一种类型）
- 糖尿病
- 高胆固醇
- 高血压
- 心血管疾病史
- 中风

诊断

因为血管性痴呆的症状有时是逐渐出现的，很像阿尔茨海默氏症的症状，甚至可以与阿尔茨海默氏症的症状并存，所以血管性痴呆有时得不到确诊或被误诊。与大多数形式的痴呆一样，没有一种检查可以确定病人是否有血管性痴呆。血管性痴呆的诊断通常是根据患者的病史或中风，以及其他心血管疾病来判定的。

通常，医生会要求患者进行额外的检查，以检验或证实其诊断，或排除痴呆的其他来源。这些检查包括：

- 验血。要检查痴呆的来源，例如贫血、慢性感染、药物毒性、低血糖、维生素不足和甲状腺障碍，并评估胆固醇水平等风险因素。
- 血压检查。
- 脑成像。计算机断层（CT）扫描、磁共振成像（MRI）、正电子发射断层（PET）扫描或单光子发射计算机断层显像（SPECT）可用于定位或识别中风、血管疾病、外伤或肿瘤引起的大脑异常。
- 颈动脉超声检查。利用声波来识别和缩小颈动脉（供应血液到大脑的颈部动脉）的定位。
- 精神状态检查。评估记忆力和一般的思维能力。
- 神经心理检查。评估不同类别的认知功能，以及受不同形式的痴呆影响的技能或能力。

- 身体和神经检查。检查反射、协调、平衡、肌肉、力量以及感觉处理方式。

路易体痴呆（DLB）

路易体痴呆是第三常见的痴呆类型，占所有病例的10%~25%，目前，据估计影响着130万美国人。它的特征是路易体引起的大脑破坏。路易体是一种蛋白质团块，在其他神经变性病症也有发现，其中最值得注意的是帕金森氏病，其次是阿尔茨海默氏症。

症状

因为路易体痴呆与帕金森氏症和阿尔茨海默氏症具有许多病理相似之处，所以它与这两种疾病也有某些相似之处。例如，它有类似阿尔茨海默氏症的认知功能衰退症状，也存在帕金森氏症的运动问题，例如肌强直和身体震颤。路易体痴呆的记忆力衰退的倾向没有其他形式的痴呆那么突出，但也可能会有。相反地，路易体痴呆常常通过影响执行功能（分析、制定策略或计划的能力）以及早期视、听觉，幻觉的表现来确定。

常见的症状包括：

- 全身震颤
- 妄想
- 抑郁
- 警觉性和注意力的波动
- 自主（自动）功能（血压、脉搏和消化过程的调节）受损
- 执行功能受损（无法分析、制定策略或计划）
- 轻度记忆力衰退
- 僵化
- 睡眠障碍

- 行走困难
- 视听觉的幻觉

原因

路易体痴呆似乎是由路易体在大脑和黑质——控制运动的一个大脑结构中的神经元内部的积累形成的，路易体是称为 α-突触核蛋白的一种特定类型的蛋白质的沉积物。科学家们不知道路易体究竟是如何造成脑细胞死亡的。虽然路易体痴呆与帕金森氏症之间有明显的联系，但这种形式的痴呆还不为人理解，还需要进一步的研究。

风险因素

由于路易体痴呆的原因尚未确定，这种形式的痴呆的风险因素也依然有些难以捉摸。遗传学似乎并没有发挥作用，大多数路易体痴呆患者也没有这种病的家族史。与其他形式的痴呆一样，年龄似乎是主要的风险因素，超过 60 岁的人明显更容易患路易体痴呆。也有一些证据表明，路易体痴呆影响男性的频率要高于女性。

诊断

没有一种检查可以确定病人是否有路易体痴呆。通常，当病人有下列症状中的至少两种时，医生会怀疑病人患有该种类型的痴呆：

- 警觉性和认知功能波动
- 视幻觉
- 帕金森症状（肌强直、行走困难、震颤）

这些特性有助于将路易体痴呆与其他形式的痴呆区分开。此外，医生可能会要求你进行下列检查：

- 验血。要检查痴呆的来源，例如贫血、慢性感染、药物毒性、低血糖、维生素不足和甲状腺障碍，并评估风险因素，例如胆固醇水平。

- 脑成像。计算机断层（CT）扫描、磁共振成像（MRI）、正电子发射断层（PET）扫描或单光子发射计算机断层显像（SPECT）可用于定位或识别中风、血管疾病、外伤或肿瘤引起的大脑异常现象。
- 脑电图（EEG）。排除癫痫或克雅氏病，这两者也会造成警觉性和认知能力的波动。
- 精神状态检查。评估记忆力和一般的思维能力。
- 身体和神经检查。检查反射、协调、平衡、肌肉、力量以及感觉处理方式。
- 睡眠评估。评估是否有睡眠障碍，这在路易体痴呆患者中比在其他形式的痴呆患者中更常见。

额颞叶痴呆（FTD）

额颞叶痴呆描述一组比较罕见的、主要影响额叶和颞叶的疾病。虽然它只占所有痴呆病例的10%~15%，但它在较年轻的患者中较常见，占年龄在65岁以下的所有痴呆患者的20%~50%。

症状

除了它的早期发病年龄之外，额颞叶痴呆不同于其他形式的痴呆的特征在于行为、语言能力和执行功能（分析、制定策略或计划的能力）的逐步恶化，而记忆力通常保持不变。额颞叶痴呆有三种主要类型，每一种都表现出一系列不同的症状。

行为形式的额颞叶痴呆（bvFTD）

这种形式的额颞叶痴呆主要影响行为。症状可能包括：

- 情感淡漠
- 抑郁

- 个人卫生恶化
- 多动症
- 纵欲行为
- 不当行为
- 缺乏判断力
- 同情和自我意识的丧失
- 情绪变化
- 暴饮暴食
- 性格改变
- 重复或强迫性行为

原发性发展性失语（PPA）

PPA 最初表现为语言技能的恶化，但可发展为如上讨论的那些行为问题。PPA 有两种类型：

- 语义痴呆。患者说话流利、正确，但往往没有考虑正在进行的实际对话。他们也往往有困难回忆和使用常用词来表达特定对象。例如，他们可能把海鸥只称为“鸟”，或把鸟只称为“动物”。
- 发展性不流利失语。患者不能流利或正确地说话，他们可能无法理解书面语和口语。

伴有运动神经元疾病的额颞叶痴呆（FTD/MND）

FTD/MND 患者可能存在上述行为和语言问题，但还存在多种运动困难，包括：

- 精细动作笨拙或困难
- 吞咽困难
- 协调障碍
- 肌强直
- 肌肉痉挛

- 肌无力
- 气短（由于呼吸肌弱）
- 震颤或抽搐
- 步态不稳

原因

科学家不知道是什么原因导致额颞叶痴呆，虽然很多 FTD 病例的特点是微观皮克体的存在——tau 蛋白的微小球体在脑细胞内积累，使它们失去了功能并死亡。最近，科学家的研究已经开始探寻 FTD 和某些基因突变之间的联系，但关联的程度——是这些突变导致了 FTD，还是只是提高了 FTD 形成的可能性还不是很清楚。此外，目前也还不清楚为什么只有额叶和颞叶成为目标。研究者推测 FTD/MND 和肌萎缩性侧索硬化症（ALS，或称为葛雷克氏病）之间存在关联，因为这两种疾病似乎有一些共同的基因和生理标志，包括运动功能障碍的症状。对这些复杂形式的痴呆还需要更多的研究。

风险因素

由于缺乏关于 FTD 的权威数据，对 FTD 的唯一已知的风险因素是这种疾病的家族史，但是大多数 FTD 的患者（约 60%）没有神经退行性疾病（包括 ALS 或阿尔茨海默氏症）的家族史。

诊断

与痴呆的其他主要类型一样，没有一种检查能够确定一个人是否患有 FTD。其发病早期——患者确诊的平均年龄为 57 岁，比阿尔茨海默氏症患者的平均年龄早 13 岁，往往是确定这种疾病的最佳时期。虽然 FTD 与阿尔茨海默氏症有许多相同的症状，使得两者经常被混淆，但 FTD 可以与阿尔茨海默氏症区分开，FTD 患者有突出的言语和行为上的问题，而较少有记忆力衰退问题。

为了支持 FTD 的诊断，医生也可能要求患者进行以下检查，包括：

- 验血。检查痴呆的来源，例如贫血、慢性感染、药物毒性、低血糖、维生素不足和甲状腺疾病，并评估风险因素，例如胆固醇水平。
- 脑成像。计算机断层（CT）扫描、磁共振成像（MRI）、正电子发射断层（PET）扫描或单光子发射计算机断层显像（SPECT）可用于定位或识别中风、血管疾病、外伤或肿瘤引起的大脑异常现象。
- 精神状态检查。评估记忆力和一般的思维能力。
- 神经心理检查。评估不同类别的认知功能，以及受不同形式的痴呆影响的不同技能或能力。

混合性痴呆

混合性痴呆是与不同形式的痴呆相关的不同大脑异常共存的医学状态。它最常指阿尔茨海默氏症和血管性痴呆的共存状态，但也可以描述路易体痴呆与阿尔茨海默氏症共存状态。与阿尔茨海默氏症、血管性痴呆和路易体痴呆相关的多种大脑变化共存的情况很少见。混合性痴呆也承认这样一个事实，即某些形式的痴呆具有（可能源于）相同的大脑异常现象。例如，路易体在阿尔茨海默氏症患者和路易体痴呆患者中都有发现。

混合性痴呆的症状、原因和风险因素根据痴呆呈现出的类型不同而不同。因为在尸检前不可能精确定位病人大脑变化的性质和种类，混合性痴呆患者经常被误诊为仅仅具有症状最突出的那种形式的痴呆。

对这个最近才发现的问题，还必须进行更多的研究，特别是一些科学家认为，多种痴呆的存在可以提高患者出现症状的速度和强度。

其他类型的痴呆

除了上面讨论的痴呆的主要类型，痴呆还可能因各种其他疾病或病症引起。

这些原因当中的许多是不能避免或预防的，包括：

- 帕金森氏病
- 亨廷顿氏病
- 克雅氏病
- 外伤性脑损伤
- 正常压力脑积水（NPH）

痴呆的其他原因是暂时的或可消除的，这意味着它们是可以预防甚至治愈的，包括：

- 酗酒
- 脑肿瘤
- 抑郁
- 脱水
- 重金属中毒
- 免疫系统疾病
- 感染
- 代谢和内分泌功能障碍
- 营养缺乏
- 缺氧
- 药物反应
- 甲状腺疾病
- 韦尼克-科尔萨科夫综合征

其中的一些问题及其解决方案，本书前面已讨论过。

治疗方案

虽然大多数形式的痴呆是无法预防或治愈的，但研究表明，通过管理一些与痴呆有关的可控（可改变的）的风险因素，你可以延迟这些疾病的发生或减轻其症状的发展。此外，某些药物可真正改善症状，或者至少暂时性地改善症状。

药品

目前，美国食品和药物管理局（FDA）已经批准了用于治疗阿尔茨海默氏症和某些其他形式的痴呆的两类药品，这些药品可能对血管性痴呆的治疗也有效。除了这些专门治疗认知功能衰退的药物，还有其他处方药物也可以控制与痴呆有关的抑郁、焦虑、睡眠障碍和行为障碍等问题。

胆碱酯酶抑制剂

这些药物用于治疗阿尔茨海默氏症、路易体痴呆、血管性痴呆和轻度认知障碍，它们可提高化学物质乙酰胆碱的脑水平。乙酰胆碱是负责传导记忆信号的主要神经递质，有可能改善记忆力、注意力、情绪和行为。不幸的是，使用胆碱酯酶抑制剂的患者中只有不到一半的人能够看到自己的症状有所改善。对于得到这些药物的人，其症状的进展只能被延迟很短的时间——平均 6~12 个月。副作用比较罕见，包括睡眠障碍、脱水、皮疹、心率缓慢、癫痫和胃肠问题，例如恶心、呕吐、腹泻和食欲不振。常见的胆碱酯酶抑制剂包括多奈哌齐（Aricept）、卡巴拉汀（Exelon）和加兰他敏（Razadyne）。

美金刚（memantine）

美金刚（又称 Namenda）调节另一种有助于学习和记忆的神经递质谷氨酸的含量，并增强多巴胺的传输。多巴胺在海马和前额叶皮质中发挥作用，帮助认知。它已被证实可以改善阿尔茨海默氏症、血管性痴呆、路易体痴呆和额颞叶痴呆患者的注意力、情感淡漠、警觉性和全局功能。与胆碱酯酶抑制剂一样，美金刚的药效也只是暂时的。副作用比较罕见，但可能会有头晕、意识模糊和嗜睡症状。

生活方式的改变

某些生活方式的改变可以改善症状，减缓痴呆进展。

饮食

研究表明，低脂肪、多水果和蔬菜——特别是十字花科或绿叶蔬菜（花椰菜、甘蓝、菠菜）的饮食，可以预防和减少与痴呆相关的症状。富含 omega-3 脂肪酸的食物，包括鱼类，例如鲑鱼或鲭鱼，也可以帮助改善症状。欲了解更多信息，请参见第十二章。

身体和精神活动

定期锻炼身体对所有年龄段的人和改善所有不同程度的记忆力衰退都是有益的。它也有助于提高神经递质水平，改善情绪和认知。定期的智力或精神活动也是很重要的。通过字谜和文字游戏挑战你的头脑，并追求终身教育，可以帮助维持健康的神经连接和网络。欲了解更多信息，请参见第八、九章。

降低心血管疾病的风险

心血管疾病是各种痴呆形成的主要风险因素，特别是血管性痴呆。保持较低的血压和胆固醇水平，不抽烟，治疗任何已有的心脏问题。欲了解更多信息，请参见第二章。

补充剂

虽然没有补充剂可以预防或治愈任何形式的痴呆，但有许多补充剂可用来治疗甚至改善一些症状。关于这些补充剂更全面的讨论，请参见第十三章。

小结

正如你所看到的，痴呆是一种复杂的疾病，会对你和你的亲人的生活产生破坏性的影响。但是，即使你不能阻止或完全治愈痴呆，也还可以做很多事情来限制其对你的生活的影响。本书的目的是在这些问题上引导你，让你知道可以让你的头脑保持清晰、避免或限制认知功能衰退的所有方法。

第二部分

解决方法

第八章

身体活动

经常锻炼身体对保持身体健康是必不可少的，不只是对你的身体，对你的头脑也是如此。由于技术的进步和工作环境的变化，如今的人们过着越来越久坐不动的生活。最近的研究表明，近 80%的美国人不符合美国疾病预防与控制中心（CDC）和美国运动医学大学（ACSM）推荐的身体锻炼指南。更糟糕的是，缺乏体力活动导致世界各地每年近 10%的人过早死亡，主要是因为缺乏体力活动会提高心脏疾病、Ⅱ型糖尿病、乳腺癌和结肠癌的风险。一项研究估计，如果全球缺乏体力活动的人口比例降低 25%，每年将有超过 100 万人的死亡是可以避免的。

显然，缺乏锻炼是一个问题，会对你的健康造成严重后果。然而，这是一个很容易解决的问题！我很幸运，能够在健身和营养学专家杰克·拉兰内（Jack LaLanne）去世之前见到他。当我问他我可以做些什么，让我学着喜欢上运动时，他承认，他自己也不喜欢做那么多运动，但他爱那样做的结果。

经常锻炼的一个好处是，你的头脑会保持灵活。除了改善你的整体健康，身体活动已被证实可以改善认知功能和记忆力。事实上，《纽约时报》的健康和科普作家格雷琴·雷诺兹（Gretchen Reynolds）写道，一些研究表明，运动“比思考本身更能支持思考”。研究一致表明，运动是增强头脑容量，甚至防止记忆力衰退的最有力的工具之一。它可以减少与年龄有关的记忆障碍，并防止痴呆的形成和发展。根据一项研究，运动的中年人到 70 岁时患阿尔茨海默氏症的概率是不运动的中年人的 1/3；即使是 60 岁才开始运动的人也可以看到他们的认知功能显著改善，患阿尔茨海默氏症的风险最高降低了 50%。

本章的目的是为你提供实施或维持健康的锻炼计划所需要的信息。通过与你的年龄和健康水平相符合的适量体力活动，有助于保持你的头脑尽可能敏捷和准确，甚至可能提高你的思考、记忆、推理的能力！

首先，让我们来看看什么是运动以及为什么它对你的大脑如此有益。

什么是身体活动？什么是运动？

身体活动是能让你的身体动起来的事情。身体活动主要有两种：有氧的和无氧的。有氧活动通常被称为耐力活动或心血管活动，是任何形式的能够提高你的心率、需要摄入更多氧气的运动。与此相反，无氧运动是有助于增强肌肉质量的身体运动，需要增加的氧气摄入很少，因为它一般持续时间更短、强度较高。虽然有氧运动是美国运动医学大学和美国疾病预防与控制中心这样的组织所推荐的运动，但这两种形式的运动对良好的大脑和认知功能都很重要。事实上，一些研究表明，有氧运动和无氧运动涉及和支持大脑的不同部位。

身体活动可以是你在执行各种家务时顺带发生的，包括园艺、铺床或吸尘；也可以是运动的形式，运动定义为带有促进体能和耐力的明确目的的身体活动，包括跑步、骑自行车、游泳、举重、参加团队运动甚至快走。不管以哪种形式进行，身体活动对身体健康和头脑敏捷都是必不可少的。

运动如何帮助你的头脑？

大多数人都知道身体活动对身体长期的益处。运动能增强你的体能水平，帮助你控制你的体重，增强肌肉和骨骼，并降低你患上Ⅱ型糖尿病、乳腺癌、结肠癌和前列腺癌的风险。从最基本的层次来说，经常运动可以提高你的整体生活质量。

相比之下，很少有人意识到有氧运动对认知的益处。这很可惜，因为越来越多的研究一致表明，身体活动对思考能力和记忆力有很强的影响。虽然研究认为有氧运动——涉及适度的身体活动是帮助头脑的最好方法，但即使无氧运动，像重量或阻力训练，也能为你的大脑带来好处。运动直接和间接地影响到你的大脑。正如你在前面的章节中所看到的，运动可以间接地影响你的认知能力，它可以帮助防止或减轻炎症、心血管疾病、精神紧张和失眠等会损害你的记忆力和头脑敏捷的所有因素。

运动在支持你的大脑和认知功能上还起着许多直接的作用。一方面，它似乎会刺激脑细胞的生长，并防止脑细胞死亡。你可能还记得第一章提到的，正常的与年龄相关的记忆损害与轻度脑退化或萎缩有关。研究表明，运动可以帮助限制大脑萎缩的程度。更好的是，运动甚至可以使你的大脑膨胀、长得更大。有一个区域似乎对运动响应特别好，那就是海马——大脑的记忆中心，它一般非常容易受到衰老过程的破坏。在一项试验中，有 120 名成人，平均年龄为 67 岁，没有痴呆的迹象，每周三次适量有氧运动的试验对象的海马体积经过一年时间实际有所增长，有效地扭转了一到两年的与年龄相关的下降。毫不奇怪，海马体积的增长似乎也改善了某些类型的记忆力表现。

运动不仅创造了新的脑细胞，也有助于产生和维护它们的支持系统。所有这些新的脑细胞都需要补充营养物质和氧气。为满足这一需求，运动实际上似乎增加了整个大脑血管的数量和血量。大脑中的血液循环越好，你的脑细胞就会得到越好的滋养，从而获得更高的认知能力、学习能力和记忆力。

此外，运动改善了神经的可塑性，即大脑改变和培育神经元之间新连接的能力。在对将新的脑细胞整合到现有的神经网络中、使它们能够正常运作并从而促进学习和记忆上，神经可塑性至关重要。科学家们不完全确定运动是如何促进神经可塑性的，但有一个已知的效果，那就是运动促进人体产生两种化学物质：胰岛素生长因子（insulin growth factor，IGF-1）和脑源性神经营养因子（brain-derived neurotrophic factor，BDNF），这两种化学物质都能刺激新的脑细胞的生长，并支持现有神经网络的维护。基本上，运动可以帮助你的大脑重新排布自身，创建新的关联、加强旧的关联。

最后，运动似乎促进大脑中的各种神经递质系统，增加多巴胺、血清素、GABA、乙酰胆碱的循环水平。这有许多效果，也许其中最有名的是，高容量的多巴胺和血清素——你的“快感”神经递质使运动成为治疗抑郁症和其他情绪障碍的一种很好的、自然的方式。但更普遍的、高水平的神经递质对提高认知功能和记忆力也非常重要，部分是因为它们似乎有助于刺激脑源性神经营养因子（brain-derived neurotrophic factor，BDNF）和胰岛素生长因子（insulin growth factor，IGF-1）的产生。

无论运动是如何刺激和维护你的大脑，结果都是清晰明确的。空间记忆（记住东西都放在哪里的能力）、语义记忆（你记忆单词和事实的能力）和执行功能（计划和执行任务的能力）都会显著改善。此外，锻炼提高了巩固（创建）和检索记忆的能力，更普遍地，它还能增强学习能力。

身体活动显著地提高了所有年龄和健康水平的人的大脑功能和认知功能，实际上可能对老年人预防或延缓大脑退化特别有用。通过每周定期运动，你就能更好、更快地思考和记忆。

运动量应该多大?

目前，美国疾病预防与控制中心和美国运动医学大学都建议成年人每周进行中等强度的有氧运动约两个半小时（150 分钟）。中等强度的有氧运动是指能提高你的心率、让你出汗的运动。判断你的劳累水平是否适度的一个简单方法是，在进行活动的同时你可以说话但不能唱歌。这种运动的例子包括轻快的步行、水中有氧运动、悠闲地骑自行车、网球双打、交谊舞或类似推割草机或耙树叶的家务活。为了满足你的要求，你可以简单地每周散步五次，每次半小时。

或者，你也可以提高有氧锻炼的强度，减少运动时间。如果你喜欢这样，美国疾病预防与控制中心建议 75 分钟的剧烈有氧活动，指使你的呼吸加深加快并显著提高你心率的活动。与中等强度的活动不同，剧烈运动使你停下来喘口气就很难多说几个字。例子包括跑步或慢跑、一圈一圈地游泳、网球单打、跳绳和执行比较重的花园工作，例如挖一个新的庭床。

当然，你可以混合你的运动时间和强度。经验法则是，剧烈活动一分钟等于中等强度活动两分钟。但不管你如何运动，你每周的运动量应该达到 150 分钟左右的中等强度活动，才能取得基本结果。因此，举个例子，周一你可以在公园里步行 20 分钟，周三你可以花半个小时打扫房子，周五你可以在当地的健身房上 50 分钟的动感单车课。因为最后一项活动的强度相当高，它的分钟数应该乘以 2，这样你的运动量就达到了推荐的 150 分钟中等强度的运动。

除了有氧运动，疾病预防与控制中心和美国运动医学大学也建议你尝试每周至少两次从事加强肌肉的活动（无氧运动）。无论你是通过举重、阻力训练，还是瑜伽或园艺来满足这些准则，这种增强肌肉的活动应该涉及你所有的主要肌肉组（腿、臀、背、腹、胸、肩和手臂），以获得最佳效果。虽然研究人员认为力量训练对认知的益处一般没有有氧运动那么明显，但有证据表明，加强肌肉的活动实际上可能影响大脑中有氧锻炼没有用到的区域。此外，研究表明，任何一种身体活动，无论是有氧还是无氧，有总比没有好，至少对你的记忆力来说是如此。

如果你有段时间没有运动了，考虑下面的建议。慢慢开始，逐渐加长时间；不要运动过量，过度运动可能会伤害你的身体并导致炎症；确保你先通过拉伸热身，即使是轻微的运动，你第二天醒来也可能会发现酸疼，但是，你很快就会看到，坚持每周运动的回报大大超过你的疼痛和痛苦；和一个伙伴一起运动，这有助于你们双方坚持定期的运动。在附近找一间健身房，健身房越近、越方便，你就会去得越频繁。

如果你有心脏病，或者超过 40 岁而并没有定期运动，在你开始认真锻炼的计划之前，可能要咨询你的医生。你的医生可能对你进行身体检查和压力测试，以确保你的身体可以承受长期的运动。

小结

定期身体活动——无论多么剧烈是不足以抵消久坐的生活方式的，理解这一点很重要。为了达到最佳效果，你必须在你日常工作的各个方面努力更活跃。如果你需要长时间坐在办公桌前工作，试着每隔一小时站起来走一走或舒展一下。

如果你喜欢看电视，在广告插播的时候举重或做仰卧起坐。当你的姐妹给你打电话汇报她的最新成果时，出去接电话，一边散步一边聊天。有楼梯的时候就爬楼梯，不要乘电梯。

运动对你的身体和头脑的益处将是巨大的。正如你所看到的，任何形式的身体活动实际上都可以促进大脑增长，改善大脑中的血液循环和神经传导。这些变化有显著增强认知功能和记忆力的作用。所以，现在就离开沙发，开始行动吧！

第九章

精神活动

不用则退，许多医生和科学家都这么说大脑。虽然体育锻炼对提高你的思考和记忆能力必不可少，但精神锻炼也是很重要的。就像你保养老爷车要定期让它出去转一转、跑一跑一样，你需要保持你的思维活跃，以保证良好的工作状态。医学研究表明，认知刺激——与朋友谈论新闻、做填字游戏、演奏音乐或进行艺术活动能够帮助你保持你的记忆力，并可能预防痴呆。社会刺激同样重要，维持或发展你的朋友、亲戚和熟人圈子，也可以帮助保持甚至提高你的大脑的力量。

科学家还不能完全理解认知和社会活动到底是如何影响大脑的。有些人认为，精神活动增强神经可塑性，即大脑改变和培育神经元之间新连接的能力。还有人认为，终身不断的智力和社会刺激能带来更好的认知储备，即大脑容纳与年龄相关的变化和破坏的能力。有一个长期的大规模研究对 130 00 名英国老年人进行调查，采取积极的认知生活方式，脑血管疾病更少、脑重量更大、神经元的密度和额叶的厚度更大。2006 年，老年个体高级认知训练（Advanced Cognitive Training for Independent and Vital Elderly，ACTIVE）研究跟踪了 2 802 名美国人的正常认知和功能状态，发现那些学习如何记单词列表和顺序的策略的人短期和长期的整体记忆力和认知功能都有所改善。

由于认知和社会运动长期的影响难以量化，这个方面其他可靠的研究比较少。但是，总的来说，科学家和医生几乎都一致拥护锻炼脑带来的益处。本章介绍了能够激活大脑从而提高记忆力和认知功能的方法和活动。无论你是 40 岁、50 岁、60 岁或是更大年纪，通过用各种方式持续不断地锻炼你的头脑，你就能在未来保持头脑敏捷和专注。

精神僵化

许多人在工作上倾注了他们的一生，但总会有他们不能再在自己的岗位上工作的时候。这可能是个人的选择，也可能是由公司政策规定的。有些人在工作之外还有关系和活动。他们知道，退休并不意味着退出积极的生活。而其他人则有一天早上醒来，不知道该怎么做自己。虽然有些人找到了自己的新目标，但有太多的退休人员退出社会，消磨自己的时间，很少进行身体或精神活动。这种迹象非常明显。在一般情况下，他们：

- 社会活动不活跃
- 看很多电视
- 使用解除他们的日常职责的服务
- 限制旅行
- 寻求安慰，避免以任何方式挑战自我

总之，他们让自己退休，看着日子一天天过去。也许你认识几个符合这一描述的人，他们缺乏精神活动很可能会导致某种形式的记忆力衰退。但可以肯定的是，他们不必如此。正如你所看到的，通过适当地刺激大脑，精神僵化不一定会发生在你身上。

精神丰富

正如你所看到的，挑战你的大脑以保持大脑活跃、健康，是非常重要的。脑力锻炼可以减轻和改善正常的与年龄相关的记忆力衰退和轻度认知障碍。虽然不能防止痴呆，但持续不断的认知刺激可能延迟痴呆的开始。以下是可以用来刺激头脑的一些事情。

- 阅读。虽然阅读一般都是很好的锻炼大脑的方式，但要尝试你通常不会选择的主题，以获得额外的挑战。如果你喜欢推理小说，选一本关于经济学和家庭烹饪的书；如果你的阅读通常仅限于报纸，试一试短篇小说或其他类型的小说。

- 做填字游戏或其他的文字游戏。这有助于保持你的语义记忆。
- 记电话号码、购物清单或其他信息花絮。虽然便利贴或智能手机可以很容易帮你存储这些信息，但迫使你的大脑记住一小块信息，可以帮助锻炼你的记忆力。或尝试背诵一首诗——任何一件小事都会有所帮助。
- 上音乐课。研究一致表明，音乐训练可以提高口头表达能力和其他类型的认知能力。
- 学习一门新的语言。会说和区分两种或两种以上的语言，可以提高认知储备。一项研究表明，双语的阿尔茨海默氏症患者表现出的脑萎缩明显比单语的患者更少。
- 报名参加当地大学或社区中心的课程。通过学习新的技能或获得新的信息，可以鼓励大脑活动。
- 心算。不用计算器或计算机，尝试自己做简单的数学问题。
- 艺术创作。通过雕刻或绘画锻炼你的创造性。
- 迷路。旅行到一个陌生的地方——另一个国家或只是你很少去的另一个城市的一个部分。不用 GPS，试着只用地图或只凭你的空间感和方向感去游览你周围的地区。
- 学会玩。作为成年人，玩的行为能够塑造大脑，打开想象力，使你能够有所创新和解决问题。

对于任何精神活动，关键是要始终走出你的舒适范围。就像剑桥健康联盟（Cambridge Health Alliance）的老年医学主任安妮·法比尼（Anne Fabiny）博士所说的："如果事情太简单了，它就不是在帮你。"你越努力地强迫自己，对你大脑的结果就越好。确保主动地学习——虽然仅仅是观看讲座或音乐表演也会有所帮助，但最好的心理练习是强迫你参与的那些。最重要的是，尝试在你一生中定期地挑战自己。研究表明，有学习新事物习惯的人能够收获最大、最持久的认知益处。

社会刺激

在保持头脑灵活上，多元化和发达的社交网络和智力刺激一样重要。研究一致表明，社会孤立或朋友和家人的关系网数量有限或质量差的人，记忆力衰退和认知功能衰退的风险更大。一个活跃的社会环境也有助于防止各种形式的痴呆，包括阿尔茨海默氏症。通过下列方式可以培养充实丰富的社会生活：

- 定期与朋友和家人见面。通过安排定期的活动——周六早晨与你最好的朋友一起喝咖啡，每周与你的同事打高尔夫球，或周日晚上与你的大家庭聚餐，才能防止与社会隔离。通过创建社会互动的定期活动，可以确保你永远不缺少陪伴或人际交往的刺激。
- 加入团体。通过加入一个专门从事你所喜欢的某项活动的团体找到志同道合的人——加入合唱团、在一个社区乐团演奏、加入当地的打牌小组或读书俱乐部。
- 参加课程。课程不仅提供充分的精神刺激，它们还能提供结识新朋友、与新朋友谈话的机会。
- 找一份工作。如果你有能力和兴趣，试着承担一份新的工作。即使是工作量最小的工作也能提供精神和社会活动的机会；此外，它也能给你一种目的感和额外的收入。
- 开始创业。你有没有想过把一个严肃的爱好变成了专业的追求？自谋职业提供了许多挑战和许多奖励。
- 参加团队运动。加入当地的足球联赛、网球赛，在锻炼身体的同时还能结识新的人。
- 玩策略游戏。像国际象棋、桥牌或麻将这样的游戏需要社会互动，也锻炼你的执行能力和记忆力，鼓励你在近期目标之前规划几个步骤。虽然走出家门参加联赛或俱乐部很好，但网上也有很多游戏，同样也能满足社会交往。

- 玩益智问答游戏。在北美，许多酒吧和餐馆晚上会提供益智问答游戏。有的甚至加入了全国益智问答游戏组织，让你可以与当地或全国各地的玩家一争高下。适当竞争是良性的，可以锻炼你的社交和心理技能。
- 跳舞。和团队运动一样，跳舞也是一种很好的方式，可以在收获身体锻炼的益处的同时和别人相处。
- 参与社区活动。社区服务和志愿者工作让你在促进友谊和关系的同时又能做善事。例如，建立新的家园，在流动厨房工作，或者给小孩子读书。
- 当志愿讲解员。数以万计的机构——博物馆、公园、城市旅游局和图书馆正在寻找人当讲解员或教育指导者。作为一名讲解员，你要学习和传授新的信息，同时还能结识朋友、帮助你的社区。
- 保持联系。如果你有朋友或家人住得离你非常远，通过打电话、写信或电子邮件保持你们的联系。

虽然走出家门并结识新的人是很重要的，但要建立健康、有价值的社交网络，你也不需要成为派对的核心人物。事实上，一些研究表明，重要的不是你的社会关系的数量，而是质量。换句话说，两三个有意义的深交有时比 20 个较浅的朋友更鼓舞人心。追求对你最有意义的友谊，有品质的关系应该能够提供支持、安慰和刺激。

参加集体活动的优势不仅仅是社会活动的丰富。上述许多活动还以身体锻炼或精神锻炼的形式提供额外的好处。通过参加这些多方面的消遣，你可以用不同的方式刺激大脑的不同区域，为你的认知功能和记忆力提供更广泛的支持。

小结

上述许多推荐的活动是完全免费的，让你很容易参与。所有这些活动的目的是让你的头脑保持在巅峰状态。正如你所看到的，无论是精神还是社会刺激，都是在你衰老时维持甚至提高你的认知功能所必需的。此外，研究表明，精神锻炼和积极的社交网络，可帮助防止其他健康问题，包括心血管疾病，甚至有助于延长寿命！为了更好的记忆力和专注力，走出去，挑战自己。你的大脑会感谢你。

第十章

睡　眠

在维持良好的记忆力和专注力上，良好的睡眠是非常重要的。在睡觉时，你的大脑充电，恢复激素和神经递质的水平以支持头脑敏捷和神经元之间新连接的建立。正如我们在第六章中所讨论的，睡眠不足会严重损害你学习和回忆信息的能力。另外，长期睡眠不足会导致其他一些也会影响认知功能的健康问题，包括心血管疾病、体重增加、抑郁症以及激素和神经递质的不平衡。

这就是说，即使每天晚上失去短短一个小时的睡眠，也会对你的认知能力有直接的影响。你晚上睡得如何，对你第二天的感觉和表现有直接的影响。你的大脑每天晚上至少需要六个半小时的睡眠时间，才能正常地执行功能。睡得比这少，你就会发现自己在回忆细节、学习新信息甚至执行最简单的精神任务时也会有困难。短期睡眠不足还会降低你的情绪，让你过于敏感、情绪化或沮丧。因此，为了保持或提高你的记忆力和专注力，优化睡眠的质和量是很重要的。

虽然慢性或长期失眠有许多治疗方案可用（参见第六章），但也有很多简单的建议和方法可以大大帮助失眠的人获得更多的恢复性睡眠。此外，还有各种各样的补充剂治疗或预防睡眠不足。本章简单地介绍了适当的睡眠习惯以及其他简单的方法来改善你的睡眠。为了更好的睡眠以及更好的记忆力，请继续阅读吧！

生活方式的改变

通过对你正常睡眠程序的做法和习惯做一些改变，你可以减少、治愈甚至预防短期或急性的失眠。即使你不是定期地失眠，下面的建议也可以帮助你更好地利用你的夜晚，这样你就可以更好地利用你的白天。

避免睡前饮酒

虽然酒精通常被作为镇静剂，对那些入睡困难的人可能是一个诱人的解决方案，但研究表明，睡前 6 小时内饮用酒精实际上会打乱睡眠周期的下半部分，导致烦躁不安或睡眠不充分。对于一些人来说，酒精甚至会使已有的失眠恶化或使你睡不着。

出于这个原因，避免在你通常上床的 6 个小时前饮酒。

避免阿斯巴甜

这种人工甜味剂已关联到较高的失眠风险。

避免睡前用咖啡因

咖啡因是一种兴奋剂，会让你在想睡觉的时候保持清醒。虽然有些人对咖啡因比其他人不敏感，一般最好避免在你通常上床的 6 个小时前饮酒或服用含有咖啡因的产品（咖啡、茶、巧克力和一些苏打水）。

不看时钟

没有什么比躺在床上看在你的床头钟一秒一秒地走更糟糕了。这种行为只会增加你的压力和焦虑，使你更难入睡。避免看时钟，或者最好干脆不在卧室里放时钟。

吃五六次小餐

对于一些人来说，半夜的低血糖会产生刺激你起床的激素，包括肾上腺素、胰高血糖素、皮质醇和生长激素。要调节血糖，全天吃五到六次小餐，而不是传统较大的三餐。睡前小点心实际上可以帮助你保持睡眠：香蕉是个不错的选择，因为它含有镁和色氨酸，这两种物质能促进更好的休息。

建立就寝程序

试着建立一个程序，你每天晚上睡前半小时左右就遵循这个程序然后去睡觉，例如在另一个房间看书、喝点热牛奶、听舒缓的音乐或洗一个热水澡。过一会儿，这些仪式将开始提示你的身体进入到睡觉的时间。

经常运动

研究表明，经常运动可以促进睡眠，预防慢性失眠。运动可以减少压力，并提高血清素的水平（参见第七章），让你更容易入睡。运动最好是在早晨或午后，上床不久前运动会让你兴奋，让你不能入睡。

白天大量晒太阳

阳光有助于保持你的生理节律，包括你的睡眠—觉醒周期。

在真的很累的时候才睡觉

要能够认识到什么时候你的身体准备去睡觉、什么时候你只是精神疲劳，这一点很重要。

改善睡眠环境

研究表明，避光、阴凉、安静的卧室是睡觉的最好环境。确保用窗帘遮挡住窗户，阳光可以启动你的睡眠—觉醒周期，导致你醒得比你希望的早。如果你住的城市或位置有噪声问题，可以考虑买耳塞或白噪声机器帮你屏蔽掉可能唤醒你或让你无法睡觉的任何声音。

不要让宠物进卧室

要对你的宠物说“不行”可能很难，但宠物有时会干扰适当的夜间休息。宠物的睡眠—觉醒周期与我们的不同，除非你跟着它们一起起床，否则最好不要让它们进卧室。

保持固定的睡眠时间表

为了让睡眠更好，保持一个稳定的程序、就寝时间和唤醒时间固定，是非常重要的。定好你几点要睡觉、几点要起床，并每天坚持这两个时间睡觉和起床！不时地改变你的时间表会破坏你的生理节律，并可能导致睡眠质量不佳或睡眠减少。

控制疼痛

如果肌肉、关节或神经疼痛让你在夜间睡不着觉，确保在睡前吃一片止疼药。重要的是，药效会持续整个晚上，这样你就不会在痛苦中醒来然后无法再入睡。

不要小睡！

避免在白天小睡，因为它们会阻止你晚上不能有一个完整的睡眠。

使用呼吸练习和其他放松方法帮助入睡

如果你因为压力而焦虑或紧张，渐进性肌肉放松、祈祷、冥想和呼吸练习等方法可以帮助你更快入睡。

只在睡觉和性爱时才待在床上

行为治疗师认为，通过加强你的床与睡眠的关系，你将能够更快入睡。不要在床上看书、看电视、使用笔记本计算机或平板计算机。

通过将你在卧室的时间限于睡觉或做爱，你就会在精神上确定卧室是只用于这两个活动的场所。如果你躺了半小时还没入睡，就起床换到另一个房间，以免动摇这种关联。

压力管理

压力是急性或短期失眠的一个主要原因。如果你压力很大，比如你工作中的一个重要的期限即将到来，或者你和你的配偶吵了一架，你可能就无法正常入睡。这是因为压力会让你的身体产生更多的皮质醇，这种激素在调节睡眠—觉醒周期上起着很大的作用。

正常情况下，清晨你体内自然的皮质醇浓度达到峰值，叫醒你的身体。从这以后，你的皮质醇水平下降，大概在你通常睡觉前一个小时达到最低，这时你体内的这种“唤醒”激素已经消耗殆尽，你最终开始打盹了。午夜后大约两个小时，你的身体再一次开始产生皮质醇，逐步提高产量，直至峰值水平，这时你再次醒来。当这个循环按照自然预期进行时，你醒着的时间应该是精力充沛的，而你的睡眠应该是深沉和宁静的。

不幸的是，皮质醇的这种正常的潮起潮落很容易被压力打乱。压力迫使你的身体定期产生更多的皮质醇，以应对日常生活中的压力。因为这种“唤醒”激素在你的系统中的水平的提高——特别是在晚上，这时皮质醇水平应该最低，很多人觉得难以入睡。有时候，压力甚至会导致皮质醇的生产周期逆转，在正常的睡眠时间达到峰值，而在醒来的时候达到最低点。这样一来，本来是该睡觉的时候你却感到焦虑和警觉，本来该精力充沛的时候你却昏昏沉沉、疲惫不堪。

因为压力会干扰你的睡眠周期，所以采取措施来控制它很重要。虽然你将无法消除你的生活所有的压力来源，但你肯定可以用到第十一章中讨论的压力管理策略。通过遵循这些指南，你会发现，你能显著减少你的压力，从而减少它们对你的睡眠和记忆力的影响！

补充剂

除了改善你的睡眠习惯和管理你的压力之外，你也可以服用一定的维生素、矿物质、氨基酸和植物性药物，这将有助于减轻甚至避免睡眠不足。

补充剂	剂量	注意事项
加州罂粟（加州花菱草属）	遵医嘱服用	不同品牌的提取物浓度有所不同，因此，最好遵从标签上写明的剂量指示
洋甘菊	当茶喝，每天 3~4 次	不要与其他镇静剂一起使用，包括酒精。不能与抗凝剂一起使用，血液不容易凝固的人不宜服用
5-羟色氨酸（5-hydroxytryptophan，5-HTP）	每日 50~300 mg	为增加功效，可与镁一起服用。可能会干扰抗抑郁药。不应该被用作药物来治疗帕金森氏氏病。如果你有糖尿病、高血压、心脏疾病或自身免疫性疾病，服用前请先咨询你的医生
啤酒花	遵医嘱服用	不同品牌的提取物浓度有所不同，因为这个原因，最好遵从标签上写明的剂量指示
薰衣草	遵医嘱服用	不同品牌的提取物浓度有所不同，因为这个原因，最好遵从标签上写明的剂量指示
柠檬香油	遵医嘱服用	如果你有青光眼，不要服用
L-茶氨酸	100~200 mg，早晚服用	不同品牌的提取物浓度有所不同，因此，最好遵从标签上写明的剂量指示
镁	每日 400~600 mg	可能会造成稀便
厚朴	遵医嘱服用	不同品牌的提取物浓度有所不同，因此，最好遵从标签上写明的剂量指示
褪黑激素	每日 0.5~3 mg	高剂量可引起头晕、头痛、失眠或抑郁症。可以增大降血压药物的功效，或提高一些糖尿病患者的血糖水平
西番莲	遵医嘱服用	高剂量可导致心律不齐（心律失常），可能会干扰单胺氧化酶（MAO）抑制剂
色氨酸	每日 2 000 mg	服用前应避免蛋白质的摄入。为取得最大功效，可与维生素 B_6、B_3 或镁一起服用。可能会干扰选择性血清素再摄取抑制剂（SSRIs）或单胺氧化酶抑制剂
缬草	遵医嘱服用	为取得最大功效，应与维生素 B_6、B_3 或镁一起服用。可引起头痛、头晕、烦躁不安、心悸或胃肠道干扰。怀孕或哺乳期的女性不应该服用
维生素 B_1（硫胺素）	每日 10~100 mg	高剂量可能会耗尽体内的维生素 B_6（吡哆醇）和镁
维生素 B_3（烟酰胺）	每日 50~3 000 mg	与 L-色氨酸同时服用可能扩大镇静功效。可引起皮肤潮红、热的感觉、胃病或皮肤干燥。如果每日服用超过 100 mg，请咨询你的医生。高剂量可引起肝损伤、消化性溃疡或葡萄糖不耐受。患有肝脏疾病的人不宜服用，不能同时与其他 B 族维生素一起服用
维生素 B_{12}	每日 800~1 000 μg	可能会引起腹泻、血液凝块、瘙痒（钴胺素）或过敏反应。如果你有高血压或其他心脏疾病，服用前请先咨询医生
酸枣仁提纯	遵医嘱服用	不同品牌的提取物浓度有所不同，因此，最好遵从标签上写明的剂量指示

小结

正如你看到的，一整夜的休息对维护你的记忆力和专注力是必要的。如果你怀疑你睡眠不够，或者你的睡眠质量差，你可以采取很多步骤来纠正这个根本问题。本章讨论的方法、策略和补充剂有助于优化你入睡和保持睡眠状态的能力。改善你的睡眠，你将立即看到你的记忆力和专注力也有所改善！

第十一章

压力管理

我们每个人每天都会经历一些或大或小的压力。当我们面临压力时，我们的身体会自动释放特殊的激素，以应对我们发现自己所处的艰难情境。应激激素的释放是使我们的远古祖先迅速作出反应以保护自己免受感知到的威胁危害的一个基本生存机制的一部分。面对危险（如剑齿虎），这些激素使我们的祖先临时爆发出能量，增强心脏和骨骼肌肉的力量，使他们能够打击或逃避威胁。因此，这种生理反应被称为"战斗或逃跑反应"。一旦危险过去，激素消退，生活继续像以前一样。

"战斗或逃跑反应"是我们身体进化设计内在的一部分，不仅在我们感知到危险的急性或短期的事件下会触发这种反应，但我们认为有压力的任何情况也会触发。无论你正在被一只剑齿虎追，还是面临迫在眉睫的工作期限，你身体的反应是一样的：释放应激激素，以帮助你应付。麻烦的是，现在对许多人来说，压力不再是对直接威胁的一种急性（暂时的）反应。当我们在处理与工作相关的压力、人际关系的问题以及经济上的担忧时，压力越来越成为一种慢性、长期的反应，应激激素持续释放，看似徒劳地不断尝试清除问题的顽固根源。

这种慢性应激反应可能对你的身体和你的头脑带来灾难性的影响。正如你在第四章看到的，压力会严重影响你的大脑。皮质醇——主要的应激激素水平过高，会损害神经元和重新排布神经元之间已有的连接，从而导致大脑功能丧失，尤其是海马（记忆中心）和杏仁核（情绪中心）。实际上，压力会严重损害你的记忆力和专注力。

压力不仅直接影响你的头脑，还会促成各种独立影响你的记忆力和头脑敏捷的各种疾病，从而间接地影响认知功能。你可能还记得，在第六章和第十章中提到的，压力会导致睡眠不足和失眠；另外，正如第二章提到的，它也会提高你患心脏疾病的风险。除此之外，皮质醇水平高会影响其他激素和神经递质的水平，改变对大脑健康至关重要的化学平衡。

由于压力用许多不同的方式危害你的头脑，所以学会控制压力对生活的影响非常重要。本章为你提供了一系列方法，帮助保护你免受慢性压力的破坏性影响。虽然你无法消除生活中所有的压力来源，但你肯定可以通过使用这里介绍的一些简单策略来减少它们的影响。你越没有压力，你的头脑在未来几年就会越灵活。

识别你的压力来源

压力来源有一些是急性的、不可预测的——爆胎、一次不合时宜的生病或火车晚点，你没有办法知道什么时候这些问题会弹出，虽然它们通常很快自行解决。但有更多的压力来源是可预测的，因为它们构成挫折长期的或慢性的来源。这似乎是显而易见的，但要能够识别让你焦虑、不满或愤怒的人、事件或情况，这非常重要的。你的触发器是什么（或者是谁）？有时候你的触发器很明显——还没有敲定的商业交易，和对你很重要的人吵架，或还不起的信用卡账单。但有时压力不太明显：仅仅是忙，有太多承诺，甚至对你的生活做出大的改变，都会使你感到不知所措，无法应付。评估一下：你在生活哪些方面做得好？哪些方面做得不好？为了成功地管理你的问题，你首先必须识别它们。考虑慢性压力最常见的来源：

- 与工作相关的问题
- 个人关系
- 家庭纠纷和义务
- 健康问题
- 经济问题
- 环境（噪声、毒素等）

消除可避免的压力来源

慢性压力的许多来源不会自行消失。其他的，像经济困难或关系的艰难时期，可能需要一段时间来解决。但有些压力来源实际上是可以消除的。例如，如果你喜欢打网球，但讨厌参加你的俱乐部竞争阶梯，你可以考虑在其他地方打，没有理由把一个有趣的活动变成繁重责任和压力的来源。有时候压力来自于你缺乏控制的感觉。做出选择让自己从紧张的情况中抽出身来，这样有时可以做很多事情来恢复控制的感觉，提高你的整体前景预期。这并不是说你应该消除你生活中的全部压力来源。一定量的变化和挑战可以起到正面作用。例如，尽管你的孩子有时候让你抓狂，但仍然有许多令人信服的理由来支持你应该让他们经常留在你身边。但是，如果缺点大于优点，如果你的压力变成痛苦，那就可能要重新考虑是否你的生活真的需要某个人或某种情况。

减少压力来源的频率和强度

因为你不可能总是能够消除你生活中的所有压力来源，所以你要做力所能及的事情去减少压力对你的控制，这是至关重要的。尽量减少你不得不应对压力来源的频率，或降低压力的强度。如果与你的父母相处让你感觉像在撕裂你的头发，那就少见他们，或者找一个有趣的、影响较低、你们都可以参加又不会争吵的活动。如果你的商务谈判陷入僵局，那就休息一下。这可以缓解紧张局势，让你重拾你的观点和冷静。有时候，使有压力的情况不那么紧迫只需要一点喘息的空间。

控制你的时间

为减少你的压力，你能做的最重要的事情是控制你的时间。让自己忙碌起来，但不要超负荷。弄清楚你可以承担多少工作和责任而不感到不堪重负，并确保安排好给自己、给家人和朋友的时间。正如诗人卡尔·桑德伯格（Carl Sandburg）曾写道：“时间就是你生命中的硬币。这是你唯一的硬币，而且只有你自己才能决定如何用它。要小心，不要让别人帮你用掉它。”

经常运动

运动是对抗压力的最佳途径之一。锻炼不仅有利于你的整体健康，也会提高某些神经递质的产生，使你感觉更好，并帮助促进睡眠（参见第六章）。为达到最佳效果，健康专家建议每天至少进行 30 分钟适度的有氧运动，但任何形式的体力活动总是比没有好。欲了解运动的更多益处，请参见第八章。

找一种发泄精力的出口

压力会使你感到异常地警觉或坐立不安，会让你分心，难以集中注意力。把这种紧张的能量用在有趣的活动上：运动、跳舞、合唱，培养一个爱好或做一些社区服务。通过保持自己的积极参与，你就可以更好地集中精力、记得更快，你晚上也会睡得更好。而且，正如你在第九章看到的，在情绪和认知功能的保持上，心理和社会的刺激整体上更有益。或者，做一些有用的事，清理阁楼、洗车或整理相册。实际任务的完成可以给你一种个人的满足感，并提醒你，做一点点工作，也能克服最大的困难。

与朋友和家人保持联系

拥有强大的人际关系支持很重要，尤其是在有压力的时候。与关心你的人在一起，能帮助提供对你的情况的看法以及缓解情绪。请记住，重要的是你的人际关系的质量，而不是数量。与朋友或家庭成员进行有意义的交互，可以为你带来精神食粮和心灵的平静。

学会放松

你可以通过太极、瑜伽或冥想的练习来训练你的身体和思想，以放松身心。

许多人在压力太大的时候实际上都屏住呼吸或忘了正常呼吸。呼吸练习可以帮助控制面对压力的即时反应，也使晚上入睡过渡得更容易。你可以找一个离你不远的瑜伽班。

释放情绪

不要封存你的焦虑，否则只会使事情变得更糟。相反，要表达自己，学会识别你的压力来源，这样能够更好地处理这些问题。如果你不想和朋友或家庭成员谈论你的问题，可以考虑咨询心理医生或宗教导师。如果你觉得面对面的讨论有压力，也有很多有用的网站与聊天室可以用。

饮食健康、均衡

正如第十二章讨论的，健康、均衡的饮食可以大大改善你的整体健康和幸福。确保你的身体获得它需要的所有营养成分，这样可以帮助抵御某些生理或环境资源的压力。此外，你应该知道，慢性压力会消耗很多人体必需的营养素，包括镁、钾、B 族维生素、维生素 C、锌和牛磺酸。因此，你也可以服用一些补充剂，以确保你有这些重要物质的充足供应。

避免毒素

同样地，要避免毒素——在你体内充当毒素的化学物质。毒素基本上是环境压力的来源，会损坏你的身体，并妨碍你的头脑正常工作。除了第三章中讨论的重金属，你可能还要考虑减少或避免摄入糖和糖的替代品、咖啡因、尼古丁、酒精和药物，这些化学物质对大脑和身体可能非常有害。如果你有任何食物过敏或不耐受，并避免摄入这些物质。

发挥你的灵性

有研究表明，较强的信念可以为你提供视角，让你感觉舒适，帮助你对付压力。让你的信念帮助你携带你的负担。考虑参加宗教仪式或与精神导师谈话。记住，有一些与宗教派别无关的群体也可以提供强大的精神支持。

积极

有时，我们可以成为自己最大的敌人。消极或愤世嫉俗很容易阻止健康、高效的生活方式。有研究表明，乐观主义者往往寿命更长、免疫系统更灵敏以及心血管疾病的风险更低，他们也能更好地处理压力。所以尽量保持乐观，并消除治疗师称为消极“自我对话”的内心与自我的对话。不要妄自菲薄，并提醒自己，从长远来看最有可能的是一切都将变好。如果你正在努力赶工作的最后期限，不要告诉自己你永远也不会完成它或者你的老板会不喜欢结果。要提醒自己，你的老板聘请你是有充分理由的，你之前也都按时完成工作，大多数障碍都是可以克服的。如果你能记住这一点，一切挑战就会更容易管理。

小结

压力可以控制你的生活，如果你让它这样做的话。然而，如果你正在阅读本章，你就很有可能能够承诺争取更加平静、更有心智的生活，这一承诺是你降低压力的第一步。遵循上述指南，你将能够大大减少压力，从而限制压力对你的记忆力和认知功能的影响！

第十二章
饮　食

在对头脑的支持上，你可以做的最重要的一件事情是有健康、均衡的饮食。正如你在本书中所看到的，你摄入体内的物质，可能对你的认知功能和记忆力产生深远的影响，你的饮食尤甚。美国标准饮食建立在加工食品、糖、简单的碳水化合物以及饱和与反式脂肪的基础上，这是当今困扰我们国家的许多严重的健康问题的部分原因。最重要的是，标准的美国饮食对你的大脑没有好处。它会导致体重增加、心脏疾病、慢性炎症和激素分泌失调——所有问题都会影响你的头脑敏捷，就像你在前面看到的。

显然，美国的饮食习惯需要改变。几十年来，世界各地的科学家们都倡导地中海饮食是最安全、最有效的营养方案，促进更好的整体健康和长寿。地中海饮食汲取克里特岛、希腊和意大利南部的烹饪传统，强调水果、蔬菜、鱼、豆类和全谷物，并限制红肉和不健康脂肪的摄入。为达到最佳效果，医生建议患者也采用与地中海饮食相关的强大社会关系和体力活动的生活方式。

饮食的结果是众所周知的。自从20世纪50年代发起的一个关于心脏发作风险的长期跨文化研究——七国研究（Seven Countries Study）以来，无数的报道和评论证明饮食在促进心血管健康上的优势。此外，后续的研究确定了地中海饮食与较低的癌症、糖尿病和整体的死亡率有关。

地中海饮食的好处不仅限于你的身体。令人瞩目的是，最近的研究还表明，地中海风格的饮食对你的大脑也会有很大的帮助，它能显著地减缓智力下降，甚至防止轻度认知功能障碍和各种形式的痴呆，包括阿尔茨海默氏症。最近的一项研究估计，严格坚持地中海饮食能使老年人患上轻度认知功能损害的风险降低28%、患阿尔茨海默氏症的风险降低40%。地中海饮食不仅有助于控制可能导致痴呆的各种风险因素，包括心血管疾病和慢性炎症，它还富含可以独立维护和增强大脑功能的各种维生素、抗氧化剂和其他营养物质。

由于地中海饮食的诸多优点，许多卫生机构都推荐它，其中包括世界卫生组织、美国心脏协会（American Heart Association）、梅奥诊所（Mayo Clinic）和克利夫兰诊所（Cleveland Clinic）。采用地中海式饮食绝对没有负担。地中海饮食如此成功的原因之一是，尽管你可能要作出改变，你仍然可以吃到非常可口、让你感到满足的食物。因此，本章提供了采用地中海风格饮食计划的一些基本指南。适当地喂养你的身体，你可以有效地滋养你的头脑！

忌糖和加工食品

避免糖和糖的替代品，例如阿斯巴甜。这些物质可以充当毒素，引起慢性炎症，扰乱你的激素平衡（参见第四章和第五章）。相反地，地中海饮食鼓励你通过吃水果来满足你吃甜食的欲望（见图 12—1）。吃整个水果，不要喝果汁，因为即使不加糖的果汁含糖也很多，和苏打水一样多。如果你真的需要增加某道菜的甜味，选用天然的物质，例如蜂蜜或龙舌兰花蜜。

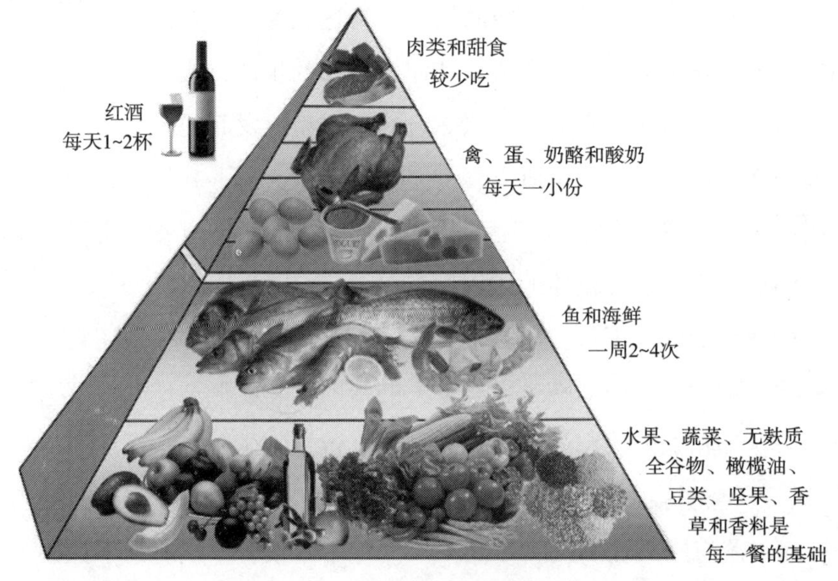

图 12—1　地中海饮食结构金字塔

同样地，在你的饮食中避免或消除加工食品。研究表明，新的食品加工技术，例如高度加热、微波辐射、电离、巴氏灭菌和灭菌等，会促进蛋白质和脂类的糖化（异常交联蛋白）和氧化而导致低度恶性的慢性炎症。在家里准备某些食物也相当于加工食品：炒和烤食物也可以提高糖化。

不用上述食物烹饪方法，可以试着轻轻地蒸、煮和炖。这样有助于减少这些物质的形成。

多吃水果和蔬菜

植物性食物是地中海饮食的核心要素。除了味道好，植物性食物还有许多重要的益处。一方面，水果和不含淀粉的蔬菜热量低，但富含对大脑健康不可或缺的营养成分，包括维生素 A 和维生素 C。通常，这些营养成分以抗氧化剂的形式存在，有助于在神经系统和身体的其他地方抗炎，含有抵抗自由基损害的特殊维生素和矿物质。水果和蔬菜也充满了纤维，这些不易消化的碳水化合物会让你觉得很饱，并帮助减少心脏疾病和胃肠疾病的风险；还含有称为植物甾醇的特殊化合物，它能限制消化系统对胆固醇的吸收量。

水果、蔬菜和全谷物应该是每餐的基础。争取每天吃 4~8 份无淀粉的蔬菜和 2~4 份水果。传统上，地中海饮食中大量使用西红柿，它包含强大的抗氧化剂番茄红素，番茄红素本身能降低某些类型癌症的发生概率。一个初步的研究表明，在使用番茄红素来减少自由基损害和氧化应激的同时，也会改善认知功能。要获得更好的营养，医生建议人们多吃一些绿叶蔬菜（菠菜、瑞士甜菜）和十字花科蔬菜（甘蓝），例如花椰菜和羽衣甘蓝。这些蔬菜富含可抗炎和抗癌的抗氧化剂和植物化学物质，并有助于保持你未来的身心健康。你也应该尽量选择充满纤维和抗氧化剂的水果，例如蓝莓、黑莓、樱桃、桃子、李子和覆盆子。为了最大限度地获得你所吃的植物性食物的营养素含量，你应该挑那些新鲜的、有机的、应季的和当地种植的植物性食物。

吃无麸质的谷物

虽然全谷物是地中海饮食传统中必不可少的，但其中许多含有一种特殊类型的蛋白质，称为麸质。如今，美国人口中很大的一部分对麸质敏感（称为麸质不耐受）或过敏（一种更严重的疾病称为乳糜泻）。研究表明，这些数字在下个世纪将只增不减。很多人甚至不知道他们是麸质过敏，这种情况常被误诊为肠易激综合征或其他胃肠道疾病。据估计，没有确诊的乳糜泻的患者是确诊的 30 倍。

考虑到面筋不耐受和过敏的患病率，我建议你限制食用含有麸质的谷物，包括小麦、黑麦、小麦片、蒸粗麦粉、粗面粉、大麦和麦芽、黑小麦、单粒小麦、卡姆小麦和美国燕麦。你不需要除去你饮食中的所有谷类食物。相反地，你可以尝试下列谷物：

- 米饭
- 玉米
- 小米
- 野生稻
- 荞麦
- 藜麦
- 画眉草
- 高粱
- 苋菜

与流行的低碳水化合物饮食不同，地中海饮食鼓励你每天吃充裕的全谷物——建议每天四份。

用“好”的脂肪代替“不好”的脂肪

地中海饮食不是低脂肪的饮食，据估计，来源于脂肪的卡路里占全部摄入热量的30%左右。相反地，地中海饮食区分不同类型的脂肪并从中进行挑选。地中海饮食传统不吃“不好的”饱和和反式脂肪，例如黄油、猪油和氢化油，它重视“好”的不饱和脂肪，例如橄榄油，它有助于降低肥胖、心脏疾病和某些癌症的发生概率。橄榄油还含有人体必需的脂肪和抗氧化剂，可以减少炎症，延长充饥时间。最近，医学专家也建议使用菜籽油，它含有omega-3和omega-6脂肪酸（见下文）。

你的饮食应包含Omega-3和Omega-6脂肪酸

Omega脂肪酸是人体必需的脂肪酸，它们不是人体生成的，但对人体至关重要，有助于保持细胞的完整性，促进营养物质的运输。当摄入的量适当时，Omega脂肪酸可以抵抗炎症，降低“不好”的胆固醇，缓和血压，从整体上帮助你降低患心血管疾病的风险。Omega-3脂肪酸可以在南瓜子、核桃仁、深绿叶蔬菜以及冷水鱼类——包括鲑鱼、大比目鱼和鳟鱼中找到。Omega-6脂肪酸可以在许多冷榨油中找到，包括玉米油、油菜籽油、大豆油、葵花籽油、红花油和芝麻油。一般来说，营养师建议Omega-3和Omega-6脂肪酸的摄入比例要均衡（2：1~1：1）。一些证据表明，过量的Omega-6脂肪酸可导致炎性疾病，例如类风湿关节炎和炎性肠病。

饮酒——适量

地中海饮食鼓励适量饮酒。事实上，一项研究发现，饮酒是地中海饮食（蔬菜、水果和坚果的摄入量高，一共占了27%）使死亡率降低24%的部分原因。特别推荐红酒，因为它含有多种抗氧化剂，其中包括一种名为白藜芦醇的特殊化学物质，这种物质似乎会增加“好”的胆固醇，减少血块的形成，并降低患肥胖、动脉粥样硬化（动脉硬化）和心脏疾病的风险。

然而，如果你要喝酒，要适度。酒精会让人上瘾。如果喝太多酒，你的血压和甘油三酯会升高，患肝脏疾病和某些癌症的风险也会增大。因此，医生建议女性将酒的摄入量限制在每天一杯酒（一罐啤酒、4 盎司的红酒或 1.5 盎司 80 或 100 型白酒）、男性每天饮酒的摄入量限制在两杯。如果你是孕妇或酗酒者，或有肝功能损害或心脏衰弱，应完全避免酒精。

少吃红色肉类和鱼类，多吃瘦肉蛋白和坚果

由于红肉的饱和脂肪水平高，它在地中海饮食中被视为难得的放纵。相反地，你的蛋白质需求可以用海鱼（尤其是富含有 Omega 脂肪酸的鱼）和禽类来满足，它们的肉质比较瘦，脂肪含量比较低。医生一般建议每周吃 1～3 次禽类和两次鱼。

地中海饮食还鼓励你多吃富含蛋白质、纤维、铁和多种 B 族维生素豆类——豆、核桃、山核桃、杏仁和葵花子。坚果和种子中富含不饱和脂肪酸，它可以增加你体内“好”的胆固醇，而不会同时提高“不好的”胆固醇。医生建议你尝试每天吃一把坚果、1～3 份豆子和其他豆科植物。

如果你必须吃红肉，尽量吃羊肉。羊肉富含 Omega-3 脂肪酸和氨基酸肉碱。正如你将在下一章中看到的，肉碱是一种很好的营养物质，有助于保持你的记忆力和专注力。

可能的话，选择当地的、有机的蛋白质来源。吃有机食品，你可以限制摄入体内的毒素量，并有助于保护环境。

鱼和汞

传统上，地中海饮食将鱼类作为蛋白质的主要良好来源。尽管鱼通常被认为是一种健康的选择，但在你多吃鱼之前也有一些注意事项。正如你在第三章看到的，大多数鱼类至少都含有较低水平的重金属甲基汞。因此，医生建议关注你吃的鱼的种类，以限制你摄入这种有毒的物质。一般来讲，鱼越大，其汞含量可能

越大。此外，某些养殖鱼类，例如鲑鱼，可能有很高的汞含量。尽可能吃有机的、野生的、本地采购的鱼。这些鱼会有最高的营养水平，毒素的量也最低。

以下是对美国常食用的鱼的汞含量的概述：

汞含量低（定期食用安全）：野生鲑鱼和有机养殖的鲑鱼、沙丁鱼、罗非鱼、橙连鳍鲑鱼、鲶鱼、虾、扇贝、鱿鱼、牡蛎。

中度汞含量（偶尔食用安全）：海鳟鱼、比目鱼、鲯鳅、红鲷鱼、鲈鱼、鳕鱼、龙虾、比目鱼。

汞含量高（避免或很少吃）：智利鲈鱼、鲨鱼、旗鱼、石斑鱼、方头鱼、马林鱼、鲭鱼、青鱼、金枪鱼。

□ □

限制奶制品的摄入量

奶制品不是地中海饮食中很大的一部分，但它们是值得补充的——只要它们的脂肪含量低。奶酪和酸奶，可适量食用，但传统上牛奶的摄入量一向很低。如果你真的想喝一杯奶，试试牛奶之外的奶：羊奶、杏仁奶、腰果奶都是很好的、健康的替代品！你偶尔也要考虑用富含 Omega-3 的鳄梨代替三明治中的奶酪。

一般地，建议你每天 1~3 份的牛奶、酸奶或奶酪。

限制或避免过咸的食物

地中海饮食在降低患心脏疾病的风险上如此成功的许多原因之一是限制或完全避免咸的食物。高钠（盐）的摄入量与高血压和其他心血管问题有关。不管是哪种饮食心脏病专家几乎总是告诉他们的病人要减少摄入盐和咸的食物。为了弥补味道的损失，地中海饮食提倡使用香料和香草来创造新的和令人兴奋的菜肴。如果你有时不得不吃包装或加工的食品，尽量避免每份超过 500 mg 钠。

小结

正如你所看到的，地中海饮食不是剥夺式的饮食，而是一种灵活并且高度可控的生活方式，在改善健康的同时又能享受令人愉悦的饮食。虽然严格坚持上述指南能够取得最好的结果，但研究也表明，哪怕是对你吃的方式做出细小的改变，例如用橄榄油代替黄油或人造黄油，也会产生很大的区别。你越严格地遵循地中海式饮食，你就能为你的身体和头脑取得越好的结果。所以，照顾好你的大脑，要吃对的食物！

第十三章

补充剂

正如你在第十二章中看到的，健康、均衡的饮食对大脑和神经系统的健康至关重要。不幸的是，仅仅通过饮食并不总是能够获得你需要的所有营养物质。现代农业的做法已经从我们的农田萃取了重要的矿物质。结果，在这种贫瘠的土壤中生长的水果和蔬菜根本不含有丰富的营养物质。此外，植物性食物一旦被采摘下来，尚存的营养物质就开始下降。冷库继续破坏营养成分。例如，存储的葡萄到达大多数零售店的时候其 B 族维生素损失高达 30%，存储的芦笋损失的维生素 C 可能多达 90%。即使是新鲜的菜拿回家，在烹饪过程中营养素也会进一步流失。当我们在吃加工食物时，要知道许多营养物质已经在热烫、杀菌、装罐、碾磨或冷冻的过程中失去了。

理想情况是，我们应该能够在一切食物收获或屠宰一个小时之内就吃到它们，从而获得它们的所有营养。不幸的是，这对绝大多数人来说是根本不可能的。其他因素也会导致营养缺乏：某些药品甚至衰老过程会防止我们的身体产生或利用正常工作所需要的维生素和矿物质。因此，我们必须寻求其他方式，以确保得到我们需要的所有营养物质。本章将研究对支持和提高认知功能最重要的维生素、矿物质、药草和其他补充剂。将这些补充剂补充到你的日常饮食中，有助于保护你未来的头脑。

如何使用补充剂

很显然，为了让你的头脑达到最佳状态，在你的饮食之外补充某些营养素也是很重要的。问题是，不是所有的补充剂都一样，许多不同的因素影响补充剂的质量和吸收率。本节提供了关于如何选择和服用补充剂以取得最大功效的一些基本信息。

补充剂的选择

补充剂有四种基本的等级，质量不同。达到药用级（pharmaceutical grade）的补充剂在纯度、溶解度（溶解能力）和吸收上达到最高监管标准。药用级补充剂的纯度达到99%，没有添加黏合剂、填充剂、染料或其他不明物质，其质量得到了外部机构——美国药典（United States Pharmacopeia，USP）的保证。虽然药用级的补充剂可能比医疗级（medical grade）或营养级的补充剂更难找，也贵得多，但它们的高品质保证了最大的益处。

如果你不能买到药用级补充剂，那就选择你可以买到的下一个最高的等级，可以是医用级或营养级。由于这些等级比较低的补充剂没有药用级的物质那么纯，所以提供的实际物质的量往往较少。因此，你可能需要服用较大的剂量的这些等级较低的补充剂，才能达到预期的效果。在选择补充剂时，还有一些其他的注意事项要记住：

- 查看成分表。在理想情况下，补充剂的成分表应该只有一项：营养本身。如果不是，选择不含防腐剂或人工色素添加剂的补充剂。当然，请确保产品不含可能导致你过敏或不耐受的物质，补充剂的生产可能会用到大豆、乳制品和麸质。
- 选择天然的、不是人工合成的补充剂。天然的形式比合成的往往更活跃、更容易吸收。
- 许多药草补充剂已发现含有重金属，例如砷、铅、汞和镉。为了避免摄入这些毒素，要找经过监管机构，例如USP、NSF国际或ConsumerLab. com批准的药草。这些团体帮助确保你服用的产品经过测试、没有发现污染物。
- 每个补充剂都应封装在容器中，避光保存。琥珀色玻璃容器是最好的选择。补充剂也应该真空密封保持新鲜，并确保没有人篡改产品。购买补充剂时，要询问是否需要冷藏。

补充剂的服用

本书提到的维生素、矿物质和其他营养补充剂的剂量是针对肾脏和肝脏功能正常的成年人的。你会注意到，许多剂量大于美国政府建议的膳食参考摄入量（dietary reference intakes，DRIs）。这是因为 DRIs 不考虑为达到最佳健康所需要的营养量——它们只是简单地计算为避免营养不良所需要的营养素的最低量。为了取得最佳效果，你需要摄入的 DRIs 比建议的更多。

在某些情况下，我建议一个剂量范围，而不是一个特定量。如果你咨询代谢和抗衰老的专科医生，他就能在这个范围内确定最适合你的具体医疗情况的用量。但是，如果你是自己确定你一个补充方案，我建议你从可能的最低剂量开始，维持两周。如果到那时没有副作用但也没有好的结果，你可能需要增加你正在服用的量。如果再过两周后，仍然没有起色，就再加大剂量，但是永远不要超过我建议用量的上限。不是所有的补充剂对所有的人都有效。如果你已经服用了一种最大剂量的补充剂，仍看不到改善，那就停止服用该产品，考虑其他的营养素。

对一些剂量比较大的补充剂，我建议你分成两次较小的剂量。你的身体在任何给定时间内只能吸收这么多的营养物。少量多次，这样最大限度地吸收，确保你的身体得到你所服用的补充剂的全部营养。要知道，高纤维的饮食也可以干扰营养物质的吸收。如果你吃了富含高纤维的一餐，那就等两个小时以后再服用补充剂，以保证最佳效果。

与所有的药物一样，补充剂——不管多么天然也会有一定的副作用和风险。它们还可以与特定的药物相互作用，引起其他健康问题。在这本书中，我在“注意事项”的标题下介绍了这些副作用和禁忌——这些信息使你在选择和使用补充剂时能够采取适当的预防措施。与往常一样，我建议你在开始服用补充剂之前先咨询医生，医生将能够根据你具体的医疗状况、病史和需求更好地调整方案。

Omega 脂肪酸

Omega 脂肪酸是必不可少的多元不饱和脂肪，它们不能由你的身体产生，但对你身体的功能至关重要。如果摄入适量，Omega 脂肪酸可以对抗炎症，减少

“坏的”胆固醇，降低血压，总体来说帮助你降低患心血管疾病的风险。Omega 脂肪酸不仅是能够防止认知功能衰退的独立风险因素，它们也可以直接改善认知功能。除了一般地摄入 Omega-3 和 Omega-6 脂肪酸，就像第十二章指导的那样，可能还需要补充一种特殊的 Omega-3 脂肪酸，称为二十二碳六烯酸（docosahexaenoic acid，DHA），它经常与另一种 Omega-3 脂肪酸二十碳五烯酸（eicosapentaenoic acid，EPA）在一起。

DHA 实际是脑的结构成分，它是脑组织的一个必要的组成部分，在记忆中心海马中的浓度特别高。仅仅出于这个原因，确保你有这种重要脂肪酸的充足供应就很重要。更重要的是，研究表明，DHA 通过鼓励神经细胞的生长、提高信号在神经细胞之间的传输速率以及保护大脑细胞免受炎症和受伤的损害来促进认知功能和记忆力。

DHA 水平低与儿童的学习障碍和老年人的阿尔茨海默氏症相关联。相反地，研究表明，吃富含 DHA 脂肪酸的鱼更多（或更经常）的受试者患轻度认知障碍的风险降低了 19%~75%。DHA 似乎对抑郁症——抑郁本身就是认知功能衰退的一个风险因素和言语流畅都有所帮助。

DHA 补充剂甚至可以帮助那些已经患某种形式的认知功能衰退的成年人。有一项试验表明，通过服用 DHA 补充剂，患有与年龄相关的记忆障碍的人在某些大脑健康测试中改善了他们的表现。同样，某些每天补充 DHA 的痴呆患者也在他们的痴呆评分中看到明显的改善。不幸的是，DHA 补充剂已被发现对阿尔茨海默氏症患者不太有效。好消息是，只要及时补充，则可以降低患这种特殊形式的痴呆的风险。

DHA 的食物来源

- 脂肪多的冷水鱼类（鲑鱼、鳟鱼、鲭鱼、沙丁鱼、鲱鱼）
- 海草
- 鸡蛋
- 羊肉

建议摄入量

除了吃的食物要含有丰富的 Omega 脂肪酸之外，大多数成年人每天可以补充 1 000 mg 药用级的 Omega-3 脂肪酸。50 岁以上成人的每日剂量应增加到 2 000 mg。要找那些含有 50% DHA 和 50% EPA 的 Omega-3 脂肪酸补充剂，这个营养成分比例是对大脑和心脏健康最好的。

注意事项

当剂量大于上述建议时，EPA 和 DHA 可以作为血液稀释剂。如果你已经在服用血液稀释剂，EPA 和 DHA 可以提高它的效果。因此，将你的剂量限制在 1 000~2 000 mg，除非你的医生另有指示。

维生素

维生素是天然存在于植物和动物中的物质。维生素有两类：脂溶性维生素，它们被存储在你体内的脂肪细胞中；水溶性维生素，它们在被摄入体内的当天就会被消除。虽然你通常可以仅通过饮食满足日常所需的维生素，但由于你的食物可能缺乏营养，所以可能需要用补充剂来补充。

维生素 A（β-胡萝卜素）

维生素 A 是一种脂溶性维生素，最重要的作用是支持着良好视力和皮肤弹性。维生素 A 有许多不同的种类，但对大脑最有利的是 β-胡萝卜素。β-胡萝卜素作为一种抗氧化剂，保护你的脑细胞免受自由基的伤害；它似乎也有助于降低心血管疾病的风险，心血管疾病本身就是认知功能衰退的独立风险因素。最近的一项研究表明，每天服用 50 mg β-胡萝卜素、服用一年的受试者在评估整体认知能力和言语记忆科目的测试中的得分明显高于服用安慰剂的受试者的得分。β-胡萝卜素实验组也表现出与年龄有关的记忆衰退相对较慢。

食物来源

- 橙黄色蔬菜（胡萝卜、南瓜和辣椒）
- 橙黄色的水果（哈密瓜、葡萄柚、杏子）
- 深绿叶蔬菜（甘蓝、菠菜、瑞士甜菜）

一般来说，着色越强烈的水果或蔬菜，β-胡萝卜素就越丰富。

建议摄入量

成年人每天应该摄入 5 000～10 000 国际单位（IU）的维生素 A。不一定要服用分离出 β-胡萝卜素的补充剂。

注意事项

维生素 A 摄入过量（每天超过 10 000 IU）会使皮肤发黄或变橙色，并有可能引起肝损伤和死亡。对女性而言，即使每天摄入 5 000 IU 也会增加髋部骨折的风险。

如果你每天服用大剂量的维生素 A，要让你的医生监视你的钙和肝酶水平。如果你吸烟、有肝脏疾病、接触石棉或正怀孕，服用维生素 A 前请先咨询你的医生。

复合维生素 B

复合维生素 B 有 11 种不同的水溶性维生素。总的来说，B 族维生素帮助你的身体将食物转化为能量，还帮助你制造红血球。B 族维生素对良好的认知功能和记忆力也很重要，它帮助稳定脑化学物质。某些 B 族维生素似乎对头脑特别有益：

- 维生素 B_1（硫胺素）是维持正常神经功能所必需的。它有助于保护神经元免受氧化应激的伤害（自由基的伤害）。它也用于主要的记忆神经递质乙酰胆碱的合成。轻度硫胺素不足可导致认知功能衰退，严重硫胺素不足可导致韦尼克-科尔萨科夫综合征，这种脑疾病的特点是痴呆。低硫胺素水平也与阿尔茨海默氏症的发病率较高有关。相应地，研究表明，用硫胺治疗阿尔茨海默氏症，能够改善患者的智力功能。

- 维生素 B_3（烟酸）有助于预防心脏疾病。它降低 LDL（“不好的”胆固醇）、升高 HDL（“好的”胆固醇）。它降低甘油三酯、纤维蛋白原（会导致产生更多危险的血块的一种物质）和脂蛋白 A（心血管风险的标志）。它也辅助重要化学物质孕烯醇酮和血清素的产生和处理。有一项针对胆固醇高和有心脏疾病的人研究表明，烟酸不仅可以降低胆固醇水平，还改善了 2/3 的受试者的记忆力。研究表明，高剂量的烟酸也改善了没有心脏疾病的受试者的记忆力。
- 维生素 B_6（吡哆素）有助于降低同型半胱氨酸，这种氨基酸升高时可导致心血管疾病和认知功能衰退。它还有助于合成对记忆必不可少的各种神经递质。
- 维生素 B_9（叶酸）也可能会降低同型半胱氨酸的水平，并有助于多巴胺的代谢，多巴胺是与记忆和学习有关的神经递质。血液中叶酸的水平低与某些类型的痴呆包括阿尔茨海默氏症的风险增加相关联。严重叶酸缺乏，甚至可能会引起一种可逆的痴呆。尽管一些初步的研究表明，补充叶酸可延缓认知能力衰退，但总的来说关于这个问题的研究还没有定论。
- 维生素 B_{12}（钴胺素）对大脑和神经系统的运作至关重要。它是神经元和神经递质的产生所必需的，还帮助能量代谢。此外，它有助于降低同型半胱氨酸水平。维生素 B_{12}不足在很大程度上与认知功能衰退和痴呆相关。据估计，23%~30%的阿尔茨海默氏症患者维生素 B_{12}不足。一些研究表明，补充维生素 B_{12}可能帮助扭转认知功能衰退，只要没有出现不可挽回的脑损伤。在症状开始显现的一年之内，维生素 B_{12}补充剂似乎是最有效的。
- 胆碱从技术上来说不是维生素，但它是与复合维生素 B 相关联的重要营养素。胆碱是一种乙酰胆碱——主要的记忆神经递质的前体，这意味着要合成乙酰胆碱，必须要先有胆碱存在。因此，胆碱不足的人，认知功能衰退的风险将增加。研究表明，胆碱补充剂可帮助轻度认知衰退和阿尔茨海默氏症患者增强记忆力。越早开始补充，效果似乎越好。当必须用外部的胆碱补充剂时，要选 α-甘油磷酸胆碱（alpha-glyceryl phosphoryl choline，GPC），这是人体最容易吸收的形式。

- 烟酰胺腺嘌呤二核苷酸（Nicotinamide adenine dinucleotide，NAD+）是一种辅酶——帮助酶反应的一种分子，在体内的所有细胞中都能发现。NAD+及其衍生物 NADH 与复合维生素 B 相关，对能量代谢和神经递质合成很重要。更重要的是，它们似乎能够防止大脑中的细胞老化和死亡。因此，一些科学家认为，NAD+和 NADH 不仅有助于减缓脑损伤和疾病的影响，对学习和记忆也起着重要作用。

食物来源

- 啤酒酵母
- 肝脏和其他内脏
- 干豆类（扁豆、青豆、豇豆）
- 蛋
- 全谷类，包括小麦和米糠

建议摄入量

各个品牌的复合维生素 B 的成分不同，按产品说明书每日服用两次。

注意事项

因为 B 族维生素是水溶性的，会被人体迅速消除，因此每天至少服用两次，这一点很重要。补充特定的 B 族维生素会引起其他 B 族维生素和其他营养素的不足。

维生素 E

维生素 E 实际上是一组八种不同的脂溶性维生素，它们是强大的抗氧化剂，保护你的身体和大脑免受自由基损伤。维生素 E 水平低与痴呆有关，部分是因为维生素 E 可减少氧化应激，而氧化应激可能导致某些类型的痴呆。一项研究发现，近 60% 的老年痴呆患者血液中的维生素 E 水平低。一些科学家认为，补充维生素 E 还可能减少海马中的细胞死亡，整体放缓阿尔茨海默氏症发展的速度。

食物来源

- 小麦胚芽
- 葵花籽
- 植物油（葵花籽油、红花油、芝麻油）
- 坚果（杏仁、花生）
- 绿色蔬菜（菠菜、芦笋、西兰花）

建议摄入量

每天 200~400 IU。

注意事项

避免合成的维生素 E，购买含有不同生育酚和生育三烯酚组合的自然补充剂，生育酚和生育三烯酚是维生素 E 的两种主要的子组。维生素 E 作为补充剂非常安全。因为维生素 E 是一种血液稀释剂，如果你正在服用减少血液凝固的药物，高剂量的维生素 E 会提高出血的风险。硫酸亚铁是一种常见的铁化合物，会破坏维生素 E，因此不要将它和维生素 E 一起服用。为取得最好的效果，维生素 E 应与其他抗氧化剂一起服用。

矿物质

矿物质是无机元素，在人体内发挥许多重要作用，与维生素、激素、酶和其他营养物质一起调节数以万计的生物学功能。因为它们不能由人体合成，所以要确保你摄入足够的矿物质，才能保持健康。正如你所看到的，矿物质对大脑和神经系统的功能是不可或缺的。矿物质可根据它们在人体内的重量分类：至少占体重 0.01%的矿物质称为常量矿物质，比这个量少的矿物质称为微量矿物质。

镁

镁是充当辅因子的一种常量矿物质。也就是说，镁与超过 300 种不同的酶结合，激活这些酶，使之成为人体内众多生化反应的必要成分。镁最重要的功能是它是细胞水平的能源生产和代谢的基础，它对良好的大脑功能也至关重要。镁有助于抗炎，增强各种抗氧化剂的行动，并帮助维护神经细胞的完整性和功能。虽然关于镁对脑功能的作用的研究还在进行当中，但至少有一个初步研究表明，阿尔茨海默氏症患者血液中镁的浓度明显比非阿尔茨海默氏症受试者的低。

此外，最近的研究清楚地表明，镁补充剂可以帮助治疗失眠及心血管疾病，这两者也都是认知功能衰退的独立风险因素。

食物来源

- 海带
- 坚果（杏仁、腰果、山核桃、核桃）
- 全谷类（麦麸、小米、糙米）
- 干果
- 深色绿叶蔬菜（菠菜、瑞士甜菜、羽衣甘蓝）
- 海鲜（虾、蟹、鲑鱼、扇贝）
- 豆类

建议摄入量

每天 200~400 mg。

注意事项

柠檬酸镁、甘氨酸镁、葡萄糖酸和乳酸镁比氧化镁更容易吸收。如果你每天摄入超过 600 mg 的镁，可能会发生腹泻等胃肠道功能紊乱。严重的镁中毒很罕见，可表现为血压低、恶心、呕吐、肌无力、呼吸困难甚至心脏骤停。

锌

锌是一种微量矿物质，在人体内充当 100 种不同的酶的辅因子，使许多不同的生化反应成为可能。锌除了在蛋白质合成和免疫功能上起着至关重要的作用之外，还作为一种抗氧化剂，防止炎症和自由基的伤害。在大脑内，锌似乎也调节神经元之间的通信，甚至可能协助它们产生的过程。与大多数营养物质一样，过多或过少的锌都可能会损害你的大脑健康。正如你在第七章中看到的，较高的锌含量似乎会提高淀粉样蛋白斑块——阿尔茨海默氏症的一个标志的形成速度。锌的含量低似乎会干扰神经的传递，特别是在记忆中心海马中。锌水平过低或过高，都会导致较高的患阿尔茨海默氏症的风险。

锌的食物来源

- 牡蛎
- 坚果
- 红肉
- 乳制品

建议摄入量

每天 25~50 mg。

注意事项

吡啶羧酸锌和柠檬酸锌比其他锌化合物更容易被人体吸收。为了更好地吸收，锌和铜要平衡。每 10~15 mg 的锌，要有 1 mg 的铜。超过上述建议剂量的锌可引起胃肠功能紊乱，包括恶心、呕吐、食欲不振、腹痛和腹泻等。

能增强记忆的补充剂的前 12 名

因为可以帮助提高记忆力和认知功能的补充剂有很多，所以在面对选择时可能很迷茫。下面是医生最常推荐的用于改善头脑敏捷的补充剂列表。这些补充剂已被广泛研究，其安全性和有效性有保证。在开始服用补充剂之前你应该咨询医生。你可以拿这个列表作为你们谈话的开始。

- 乙酰左旋肉碱
- α-硫辛酸
- 南非醉茄根
- 辅酶 Q10
- EPA/DHA
- 银杏
- 石杉碱甲
- 磷脂酰丝氨酸
- 长春西汀
- 复合维生素 B
- 维生素 E
- 锌

要记住，一种补充剂可能对不同的人有不同的影响。虽然上述补充剂在提高记忆力和认知功能上有最确定的记录，但它们也有可能不是最适合你的。因此，本章提供了更全面的指导，以补充增强记忆，让你有全面的选择。

氨基酸

氨基酸最重要的作用是它是人体内 40 000 种不同蛋白质的组成成分，氨基酸也对大脑和神经系统的正常运作至关重要。氨基酸有三种：必需氨基酸、非必需氨基酸和限制性氨基酸。必需氨基酸是对生物功能重要但不能由人体产生，因此必须从外部摄入的氨基酸。非必需氨基酸是人体产生的，不需要额外摄入的氨基酸。在正常情况下，人体也能产生充足的限制性氨基酸。但在某些医疗情况下，人体可能需要从额外的来源摄入氨基酸以弥补可能发生的不足。本节将介绍一些对记忆力和精神敏锐影响最大的氨基酸。

乙酰左旋肉碱

乙酰左旋肉碱是氨基酸肉碱的衍生物。除了有作为抗氧化剂的功能，乙酰左旋肉碱还执行许多对你的认知功能有益的任务：它减缓你的神经递质受体退化的速度，增加氧气的可用性，提高呼吸的效率，并有助于将身体脂肪转化为能量。乙酰左旋肉碱也用作记忆的主要神经递质乙酰胆碱的前体，也就是说，它可以被转换成这种重要的神经递质。乙酰左旋肉碱也被证明有助于降低患心血管疾病的可能性，心血管疾病本身是认知功能衰退的一个独立风险因素，乙酰左旋肉碱降低 LDL（“不好的”胆固醇）和甘油三酯的含量，并提高高密度脂蛋白（“好的”胆固醇）的含量。

由于上述原因，许多研究表明，服用乙酰左旋肉碱补充剂可以改善短期记忆和长期记忆；它也可以提高情绪、注意力和能量。在一项针对轻度认知障碍患者的研究中，乙酰左旋肉碱被证明可以改善记忆力、注意力、语言流畅性和日常行为。另一项研究显示，乙酰左旋肉碱的益处是持久的：认知功能的改善可以在停止补充剂后持续 30 天。更好的是，一些研究表明，乙酰左旋肉碱甚至可能延缓阿尔茨海默氏症的发展。显然，将乙酰左旋肉碱加到你的日常养生中有显著的益处。

食物来源

- 肉类和禽类
- 全脂牛奶和奶制品

- 鳄梨
- 芦笋

建议摄入量

每日 1 000~2 000 mg。

注意事项

有几种营养素能增加乙酰左旋肉碱的效力，包括 α-硫辛酸、维生素 B、DHA 和 EPA、卵磷脂和磷脂酰丝氨酸。服甲酰左旋肉碱副作用很少见，但可能会有胃肠道功能紊乱。也可能会出现兴奋、皮疹和头痛。有时，服用乙酰左旋肉碱的人会有轻微的腥臭体味，这可以通过同时服用维生素 B_2（核黄素）来防止。如果你有肾脏或肝脏的疾病，在服用乙酰左旋肉碱之前要先咨询医生。

肌肽

肌肽是一种氨基酸，不要与肉碱混淆，它是一种强大的抗氧化剂。它有助于防止糖基化，糖基化是一个导致自由基产生并且导致衰老征兆的过程。肌肽还有助于调节体内铜和锌两种金属的水平，这两种金属过量时与痴呆的发展相关。因此，一些研究表明，肌肽是阿尔茨海默氏症的一种有效的治疗方法，可以减缓其症状的发展。

食物来源

肌肽存在于牛肉、鸡肉和猪肉中。

建议摄入量

每日 1 000~2 000 mg。

注意事项

如果你有肾脏或肝脏的疾病，在服用肌肽之前，请咨询医生。如果服用的量超过建议的摄入量，肌肽可能会导致多动症。

色氨酸

色氨酸是一种必需的氨基酸，它作为血清素的前体，是一种与情绪和幸福感相关的神经递质。火鸡中含有色氨酸，正是它使我们在感恩节晚餐后感到昏沉和知足，所以色氨酸被认为是一种情绪稳定剂和睡眠促进剂。科学家还认为色氨酸及其副产品血清素与整体认知健康相关。一项研究表明，饮食缺乏色氨酸、其他方面健康的患者，会遭受长期记忆的暂时性损害。另一项研究表明，痴呆患者空腹时的色氨酸血液水平偏低，这可能仅仅因为色氨酸不如其他氨基酸容易吸收。

食物来源

- 乳制品
- 鸡蛋
- 坚果
- 禽类
- 豆类

建议摄入量

每日 5~50 mg。

注意事项

如果你正在服用选择性血清素再摄取抑制剂（SSRI）或单胺（MAO）氧化酶抑制剂，应避免服用色氨酸补充剂。

药草

人类将植物入药的历史已有几千年。药草是这些植物药物的特殊子集。如今，许多医生推荐药草作为取得最佳健康的一种自然的方式。药草有很多不同的治疗能力，有些能帮助降低胆固醇并且减少心脏疾病的风险，有些能抵抗压力，还有一些能提高你的记忆力和认知功能。

由于药草是“自然的”，它们普遍被认为比处方药更安全，这也许具有误导性。与任何补充剂一样，如果不采取适当的预防措施，药草也可能会产生严重的危害。此外，与处方药不同，许多药草补充剂的质量和成分不受美国政府监管。要做知情的消费者：仔细阅读你买的任何补充剂的成分列表，查看这里提供的注意事项，并且在开始补充任何补充剂之前先咨询医生。

南非醉茄根（南非醉茄）

南非醉茄根是在印度、巴基斯坦和斯里兰卡发现的一种药草。它最重要的作用是改善对情绪和身体压力的耐受力——正如你在第四章看到的，这些压力是认知功能衰退的一个常见来源。但南非醉茄也在大脑和神经系统中发挥着几种其他作用。它刺激神经细胞的再生和修复，并通过抑制乙酰胆碱酯酶——一种分解重要神经递质乙酰胆碱的酶来帮助维持记忆的主要神经递质乙酰胆碱处于正常水平。它还具有抗氧化和抗炎的特性，进一步保护你的神经元免受损伤。这些特点使南非醉茄成为能够提高警觉性和记忆力的有用药草。

建议摄入量

以胶囊的形式，每日可摄入 500~2 000 mg 的南非醉茄。如果用干根当茶饮，每日用 3~4 盎司。

注意事项

补充南非醉茄根可能会引起肠胃不适，包括腹泻、恶心和呕吐等。如果你在服用另一种胆碱酯酶抑制剂处方药，例如多奈哌齐（安理申）或加兰他敏（Razadyne），那就不要服用南非醉茄。

银杏

银杏是用银杏树的叶子制成的药草提取物。银杏对记忆力和头脑敏捷敏锐的益处是明确的：它作为一种抗氧化剂，保护记忆中心海马不因年龄增长而收缩。银杏还促进乙酰胆碱（记忆的主要神经递质）的产生，并刺激产生更多的血清素受体，血清素是与情绪和学习相关的神经递质。此外，银杏有助于预防心血管疾病，心血管疾病本身是认知功能衰退的一个独立风险因素：银杏扩张血管，并作为一种血液稀释剂，减少血液凝固，改善氧气在大脑和神经系统内的循环。

研究表明，银杏叶提取物可预防神经元中的乙酰胆碱和血清素受体随着年龄的增长而降低，有助于保持它们对神经递质的敏感性。银杏似乎也提高神经传递的速率。动物研究表明，银杏也可以抑制与阿尔茨海默氏症和其他形式的痴呆相关的淀粉样蛋白斑的形成。由于这些原因和其他的原因，研究几乎一致表明，银杏补充剂可以稳定或提高轻度认知障碍或痴呆患者的记忆力和头脑敏捷性。

建议摄入量

每日 60~120 mg。

注意事项

补充银杏的副作用并不常见，但可能会有头痛、恶心、呕吐或眩晕。因为银杏充当血液稀释剂，所以它不应该与其他抗凝血剂结合服用。如果你正怀孕或使用 MAO 抑制剂，不要服用银杏。如果你正在服用环孢霉素、罂粟碱、噻嗪类利尿剂或曲唑酮，在服用银杏之前请先咨询医生。

葡萄籽提取物

葡萄籽提取物最有名的是它含有高浓度的维生素 E 和其他抗氧化剂。据估计，在抵抗自由基上，葡萄籽提取物比 50 倍的维生素 E 更强大、比 20 倍的维生素 C 更有效。此外，葡萄籽提取物似乎保护大脑不形成淀粉样蛋白斑。除了预防炎症，葡萄籽提取物似乎也执行降低患心血管疾病的风险和降低高血压等其他任务，降低 LDL（“不好的胆固醇”），以及抑制血液凝固。

建议摄入量

用胶囊或片剂的形式，每日服用 50~200 mg。

注意事项

补充葡萄籽的副作用很罕见，但可能会有头痛、头晕或恶心。

因为葡萄籽提取物可以作为一种血液稀释剂，所以，如果你在服用抗凝药，不要服用葡萄籽提取物。

石杉碱甲

石杉碱甲是从一种中国的植物蛇足石杉中分离出的化合物。它在大脑中执行许多有用的功能：它保护神经元免受神经递质谷氨酸达到毒性水平的危害，它还抑制乙酰胆碱酯酶，这种酶能够分解主要的记忆神经递质乙酰胆碱。因为这个特点，现在石杉碱甲被推荐用于治疗阿尔茨海默氏症和其他以神经变性（神经细胞退化）为特征的病症。国家衰老研究所（National Institute of Aging）最近进行的一项研究表明，当服用足够大的剂量时，石杉碱甲可以改善轻度至中度阿尔茨海默氏症患者的认知功能和日常行为。

建议摄入量

每日 400 μg。

注意事项

石杉碱甲的副作用比较罕见，但可能会有胃肠道紊乱，例如恶心、呕吐、腹痛和腹泻等。石杉碱甲也可能招致出汗、视力模糊，并增加排尿和流涎。如果你正在服用另一种胆碱酯酶抑制剂处方药，例如多奈哌齐或加兰他敏，那就不要服用石杉碱甲。

长春西汀

长春西汀是长春花植物的提取物。它在大脑和神经系统中有几个用途。它可以作为一种消炎剂，还可以通过作为血液稀释剂、扩张（加宽）血管来提高脑内的血液循环。长春西汀也增强神经网络的电连接，提高神经递质血清素的水平，并保护你的神经元免受细胞间钙含量过多的损害。一些研究表明，补充长春西汀能够改善痴呆患者认知功能的多个方面——包括注意力、专注力和记忆力。

建议摄入量

每日 10~40 mg。

注意事项

副作用很罕见的，但可能会有头痛、胸痛、头晕、口十、恶心以及皮肤刺激。因为长春西汀是一种血液稀释剂，所以，如果你已经在服用抗凝血剂，请咨询医生。

其他补充剂

除了上面列出的维生素、矿物质和氨基酸，还有许多其他的补充剂，可以帮助你保持记忆力和头脑敏捷。

α-硫辛酸

α-硫辛酸，也称为硫辛酸，是一种既溶于脂肪又溶于水的营养物质，大脑能够更好地吸收。除了抗氧化功能，α-硫辛酸还能刺激上神经元中新神经纤维的产生，有助于加强记忆力和延缓大脑衰老。它也可以作为螯合剂，可以让你的身体处理和除去重金属，例如铁、铜和镉。

食物来源

α-硫辛酸是天然存在于多种食物中的抗氧化剂。它通常被绑定到称为赖氨酸的物质中，赖氨酸可以在蛋白质中发现。虽然数据有限，但初步的研究表明，高浓度的α-硫辛酸存在于动物内脏（肾、心脏和肝脏），以及某些蔬菜，包括菠菜、花椰菜、番茄、豌豆和甘蓝中。尽管如此，这些食物没有一种足以作为α-硫辛酸的治疗来源。作为治疗来源，需要100磅菠菜才能提供以下建议的剂量。

建议摄入量

胶囊或片剂的形式，每日服用100 mg。

注意事项

糖尿病或低血糖的病人在服用α-硫辛酸之前应先咨询医生，因为补充α-硫辛酸会进一步降低血糖水平。

辅酶 Q_{10}

辅酶 Q_{10}是脂溶性的营养，在许多食物中都可以发现，而且几乎所有人体组织都生成它。它的主要功能是帮助产生细胞能量，为身体和大脑提供它们处于最佳水平所需要的能量。它也作为一种抗氧化剂，还可以帮助你的身体再生维生素E。

食物来源

- 脂肪多的鱼（凤尾鱼、鲭鱼、三文鱼、沙丁鱼）
- 牛心脏
- 西兰花
- 菠菜
- 坚果

建议摄入量

每日需 30~360 mg，或根据医生建议。

注意事项

如果没有医生的明确指示，每天服用不要超过 100 mg。如果你正在服用血液稀释剂，服用辅酶 Q_{10}前请先咨询医生。辅酶 Q_{10}的副作用包括消化障碍（不适、食欲不振、腹泻、胃灼热）、失眠、恶心和心悸。剂量超过 300 mg 会增加你的肝脏酶。

磷脂酰丝氨酸

磷脂酰丝氨酸（Phosphatidylserine，PS）是天然存在于大脑中的磷脂。PS 促进几种重要的神经递质的产生，包括乙酰胆碱、血清素、肾上腺素、去甲肾上腺素和多巴胺，从而促进细胞与细胞之间的通信。它也有助于对抗应激，提高葡萄糖代谢，为大脑提供更多的养分。相应地，研究表明，PS 有助于保持健康人的记忆，改善有正常的与年龄相关的记忆障碍的人的认知功能。磷脂酰丝氨酸也可能有助于治疗某些形式的痴呆，包括阿尔茨海默氏症。与许多补充剂一样，为达到最佳效果，应在记忆力衰退症状出现之前或一开始出现时就补充磷脂酰丝氨酸。

建议摄入量

每日 300 mg。

注意事项

过去，对磷脂酰丝氨酸的研究主要是用来自牛的大脑的补充剂来进行的。由于疯牛病的发生率提高，现在主要是用大豆或卷心菜制成的产品来进行的，这些新的补充剂的益处风险尚未确定。

小结

本章的目的是概述最常用于提高记忆力和头脑敏捷的补充剂。虽然膳食补充剂可以向它们的消费者提供显著的益处，但它们应被看作只是一个更大的记忆力维护和增强战略中的一部分。为了取得最佳效果，你需要对自己的生活方式作出一定的改变，就像第二部分的其余章节列出的那些一样。营养补充剂与更多的运动和精神活动、健康的饮食，更好的锻炼、更多睡眠和更少压力一起，可以帮助你保持头脑敏捷和准确。

后　记

仅仅在几十年前，人们认为中老年人记忆力衰退是生活中自然的和不可避免的一部分。爷爷奶奶的健忘肯定是一个问题，但它是可以容忍的，直到它开始干扰他们的生活自理能力。然而今天，随着我们人口中 65 岁及以上的人口不断增多，我们已经认识到记忆力衰退的严重性。近 30 年来，数十亿美元被投资于对各种削弱记忆力的疾病的研究中。

我们对这些疾病的认识已经取得了很好的进展，但有时研究产生的问题多于答案。虽然科学家们已经能够识别并隔离特定的疾病，并止在慢慢研究这些疾病是如何工作的，但他们还没有找到的治愈最严重的记忆力衰退的方案。

另外，在研究这些疾病时我们也认识到，衰老过程会发生“正常”的记忆力和认知功能的衰退。但是，在许多情况下，这种损失并不一定像它看起来那样是正常的。相反，这种记忆力衰退可能是某种特定原因——通常可以被减缓、逆转或完全预防特定因果的原因造成的。对太多人来说，接受与年龄有关的问题的必然性比为它做一些事情更容易。但正在阅读这本书的读者应该能够认识到，失去记忆不一定是不可避免的：你知道，你有能力不接受这种“常态”。

本书是专门设计来向你展示如何保持和减缓认知功能衰退——它甚至可能帮助你找回自己失去了什么。如果你的记忆力衰退是由一个特定的问题或病症引起的，第一部分会帮你找出问题是什么，以及如何解决它。或者，如果你正在寻找一个更通用的、有助于保持你的头脑处于巅峰状态的方案。第二部分将为你提供一个适当的计划，让你采纳和坚持。重要的是，你要始终坚持这样的方案。如果你可以承诺改善你的饮食、睡眠、压力水平、运动和精神活动，你很快就能看到结果。

此外，我试图为你提供痴呆领域的最新发现。我知道痴呆的毁灭性有多大。我自己的母亲就患有痴呆，在过去的几年中，她已经慢慢失去了一生中珍贵的回忆。我在研究我母亲的病时所做的工作成为本书的基础。尽管目前没有治愈阿尔茨海默氏症或任何其他严重的记忆力衰退的方法，但每天都在开发新的治疗方法。希望已经升起，甚至可能在我有生之年，这些可怕的疾病将被根除。

不管你多大年纪，你都可以保持你的头脑清晰、准确。如果我能给你一个消息，那就是：采取下一步行动。无论是通过你对上帝的信仰、为你爱的人，还是因为你相信你是自己命运的主人，你都必须召唤控制自己健康的意愿。只有你自己才能决定你的头脑随着你年龄变大将变得多好还是多糟糕。使用本书作为指导，在未来的日子里享受良好的记忆力和专注力吧！